"妻の地雷"を踏まない本

別惹老婆生氣

行為心理諮商師
鶴田豐和 著

寫給本書讀者

首先在此感謝你翻開本書。

這本書主要以男性讀者為對象，目的是寫出許多做老婆的「希望老公知道，卻又說不出口的真心話」。同時也會講解男性的心態，讓老婆們了解「為什麼老公總是踩到我的地雷」。

男性讀者看完了之後，或許會因為發現「原來我不是孤單的人」而鬆一口氣；也有可能因此得知了妻子真正的想法而偷捏一把冷汗。

而女性讀者在閱讀的過程中，想必會忍不住大喊：「沒錯！」、「真的是這樣！」、「原來不是只有我家會這樣！」但同時也能更加了解男性的心理，不再那麼容易對老公感到不耐煩。

情侶在結婚前先讀過本書的話，會對婚後生活更有概念，早一步做好準備。我就有朋友在看過這本書的原稿後告訴我：「這本書不是只有已婚的人該看，未婚的情侶也該讀一讀。」

相信男女雙方在讀過這本書後，都會有所收穫。不過為了方便行文，書中內容採用的都是向男性訴說的口吻。

全天下老婆們的各種地雷點，會以情境漫畫的方式呈現，請大家一起看下去。

第3章 不會帶小孩的老公……125

第4章

自私的老公

老婆的地雷

《序》

11月
迪士尼樂園
耶
米老鼠
米老鼠
明天要幾點出門？
耶～
耶～
不要在家裡跑！
明天有要幹嘛嗎？
咦？
呀呵！
跑
跑
跑
跑
跑
真假？
你竟然忘了？有夠離譜！
咦——
米老鼠
米老鼠
拿走

老婆生氣都是有原因的

你是否也曾遇過類似的場面？

只是隨口回一句話，老婆卻突然大發雷霆。

老婆的怒氣有時候就像突如其來的驟雨，由於實在讓人措手不及，相信有的人可能會覺得：「幹嘛突然發那麼大的脾氣？」於是也忍不住生氣起來。也或者有的人被老婆毫無預警的怒火嚇呆了，根本搞不清狀況。

不過，就像驟雨是「強烈陽光使得潮濕的空氣變熱、上升成為積雨雲，然後變成雨水」而來，**老婆的怒氣一定也有背後的原因**。老婆是不會無緣無故生氣的。

不過男人通常都不知道老婆為何生氣。除非是外遇或瞞著老婆偷偷借錢之類的明確事實，男人絕大部分的時候都不清楚老婆幹嘛發那麼大的脾氣。

就算直接向老婆問出了原因，我相信許多人真正的想法恐怕是「一點小事為什麼要大發雷霆」。

就拿開頭的漫畫來說，若是以老公的角度來看，有些男人應該完全搞不懂漫畫中的老婆為何會生氣。老公只不過問老婆：「明天有要幹嘛嗎？」希望疑問得到解答而已，並沒有做錯任何事，卻得莫名其妙承受老婆的怒火，實在沒有道理。

我還是要再說一次，每個老婆生氣都是有「原因」的。

同樣的道理，如果你的老婆對你發脾氣，一定也是有原因的，而且通常和全天下的老婆們生氣的原因一樣。

其實真相就是**老婆之所以會生氣，大多是男女間的想法不同造成的**。很多時候老婆對你發火，就只是因為你是男人，老婆是女人。換句話說，老婆生氣的對象並不是「你」這個人，而是你身為男人所做出的行為或表現出的態度。

相信你應該也認同，既然如此，如果能搞懂全天下的老婆們常見的生氣原因，就不會一天到晚踩到老婆的地雷了。

踩到老婆的地雷並不一定是壞事，為了改善夫妻關係，有時甚至是必要的。但如果有事沒事就去踩的話，夫妻間的氣氛恐怕很難好起來。老公要是一直踩到老婆的地雷，夫妻關係搞不好會惡化到難以挽回的地步。

本書的主旨是幫助男性讀者們釐清老婆生氣的原因、背後因素，降低踩到老婆地雷的機率，並設法增加夫妻和睦相處的時間，或至少避免夫妻關係變得比現在更差。

為夫妻相處所苦的人超乎想像的多

話說回來，為何我會想寫這樣一本書呢？這是因為我過去曾見過許多男男女女為了夫妻相處之類的伴侶關係而煩憂。

我平時從事行為心理諮商師工作，為有職涯發展方面煩惱、不知該怎麼做才能達成目標的人提供諮詢服務。

在許多人的諮商過程中，一開始聊的雖然是職涯，但隨著話題逐漸深入，都會碰觸到伴侶關係的問題。而同時有職涯與伴侶關係煩惱的人一旦找到了伴侶關係的解決之道，職涯問題也就能夠迎刃而解。

我還遇過有人在進行職涯相關的團體諮商時，認識了未來的伴侶，找到人生幸福。

相反地，也有想要創業的人遭到老婆反對，結果夫妻相處出現了摩擦。

聆聽諮商對象訴說自身煩惱時讓我重新體認到，夫妻關係是生活的基礎，有穩定的夫妻關係才有辦法活出充實的人生。

職涯對於活出充實的人生固然重要，但事業上的成績就算再漂亮，婚姻卻搖搖欲墜的話，內心多少還是會感到空虛。夫妻關係的好壞未必和工作表現成正比，但維持夫妻關係良好對工作而言至少不會是扣分，而且通常都是加分。

因此，我希望本書能幫助讀者維持良好的夫妻關係。

要建立良好的夫妻關係，最重要的就是夫妻清楚地了解彼此。

所以我才特別關注「老婆的地雷」。知道什麼事情是老婆的地雷、為什麼會是老婆的地雷，不僅能減少踩到地雷的次數，也有助於認識夫妻之間的差異，乃至於男女之間的差異，進而促進夫妻對於彼此的理解。

理想的夫妻關係

理想的夫妻關係或理想的夫妻相處模式，是因人而異的。有人覺得永遠都像是在熱戀中比較好；但也有人認為夫妻彼此尊重對方的工作及興趣，各自做自己喜歡的事比較好。有的人則是過著如同夫妻的生活，但並沒有夫妻的名分。

我自己則是和老婆生了三個小孩。老實說，我們之間並不是那種熱情如火的關係，因此我完全沒有「請大家搞清楚自己的老婆有哪些地雷，努力成為像我們一樣恩愛的夫妻」的意思（笑）。

我和老婆深愛著彼此、信任彼此，但我們也和一般人一樣會吵架，我過去曾踩到老婆的地雷無數次，今後大概也一定還會再踩到。不過我認為，只要能維持珍惜彼此、融洽而穩固的關係就好。
因此，本書完全沒提到「夫妻就該這樣相處」、「理想的夫妻相處之道」之類的東西。我只希望這本書能幫助每位讀者實現自己心目中理想的夫妻關係。

老婆為何會生氣？

到底老婆為什麼會生氣呢？
其實不只是老婆，當期待與現實之間出現落差時，人就會有生氣、開心、難過、感動等各種情緒。

例如，平時都不誇獎下屬的主管如果突然對你說：「你最近表現不錯喔，部長也很肯定你。」相信你一定會難掩開心的表情。遇到這種現實超乎期待的情況時，人都會感到開心及感動。

相反地，如果主管平時總是大力稱讚下屬，對（業績其實不差的）你卻一句誇獎的話也沒說，想必會令你感到失望。這是因為「希望主管誇獎我」的期待未能實現。

當現實與期待之間出現類似這樣的落差，人就會生氣或難過。

老婆的怒氣也一樣。**對老公的期待和老公的實際表現有落差時，老婆便會燃起怒火**（當然，相信男人也會遇到自己對老婆的期待和現實存在落差的狀況。不過這邊就姑且不提，先繼續討論下去）。

你可能會覺得，既然這樣的話，那老公只要盡可能滿足老婆的期待，就不會踩到老婆的地雷了。

但事情並沒有這麼簡單，因為「期待」其實有男女之別，這就是兩性之間麻煩的地方。男性對他人的期待與女性對他人的期待是完全不同的，有時候甚至完全相反。

這種差異一部分來自於大腦運作方式的不同，一部分則來自於遠古時期以來男女之間習性的不同。其他因素還包括了因文化、風俗習慣而產生的「男人就應該這樣」、「女人就應該這樣」等社會觀念。

因此，老公自認為體貼老婆而做出來的事，老婆可能不領情；或甚至造成反效果，反而踩到了老婆的地雷。或許可以說，許多男女之間的誤會都是像這樣，因雙方對彼此的期待不同而產生的。

「幹嘛那麼生氣？」

「（我明明很努力了）為什麼還要生我的氣？」

「（我明明是為了妳好）為什麼妳不懂？」

「為什麼每次都那麼不耐煩？」

我想許多老公對老婆應該都有類似的不滿。

但如果不知道男女對於另一半的期待有何不同，就算再怎麼努力為老婆付出也只是徒勞無功，而且無法讓老婆感受到心意。老婆因此而生氣可說是再正常不過的事，也難怪會對老公感到不滿。

想避開老婆的地雷的話，首先要了解，基本上男女對於另一半的期待是不一樣的。再來則是要知道「老婆對老公的期待為何，老公和老婆對彼此的期待有何不同」。

因此，本書在指出老婆有哪些地雷的同時，也會說明地雷背後存在哪些夫妻對彼此期待的差異。

另外要提的是，由於我是男人，因此想法容易被老公、男人的觀點侷限。有些觀念看在女性讀者眼裡，或許會忍不住想吐槽：「那是你們男人自以為是的想法吧！」

所以我特別找老婆來，請她當全天下老婆的代表，幫忙指出我的想法哪裡有問題。男性讀者在閱讀時，請將我老婆提出的指正，當作自己老婆的指正。

不是只有你家老婆有不能踩的地雷。

其實在本書出版前後這段時間，出版社舉辦了「老婆的地雷大賽」，募集到許多關於自家老婆地雷的小故事，而且有些並沒有在本書中出現。

讀者有興趣的話，可以在推特上以「＃老婆的地雷大賽」搜尋，看到各種有趣故事的同時相信也會獲益良多。

另外，雖然比賽已經結束了，但還是可以在推特上發文，有興趣的話不妨在上面分享關於自己老婆地雷的趣事。歡迎大家踴躍參加，發文時請記得加上「＃老婆的地雷大賽」標籤。（上述為日本的活動）

希望本書的出版，能幫助全天下的老公們不要再踩到老婆的地雷。

第1章

依賴成性的老公

老婆的地雷 1

一天到晚問家裡東西放在哪裡

老公覺得：「不要干涉家裡的事情比較好。」

老婆覺得：「老公應該多少參與家裡的事情。」

你是否有過類似的經驗？只不過不經意問老婆一句「剪刀在哪裡？」卻惹怒了老婆，換來「為什麼每次都問一樣的事？」、「你自己不會找嗎？」之類的答覆。

相信許多男性都會感到一頭霧水，老婆到底為何如此生氣。

但老婆之所以生氣是有原因的。

原因之一就是夫妻雙方對於家中事務的想法不同。

由於男性活在以工作為重的社會價值觀中，因此將工作範圍分得很清楚，十分在意自己負責的工作涵蓋的範圍，具有強烈的領土意識。若從自己所屬的部門或公司利益來思考，具備這種意識是必要的。

所以有不少男性對於自己領土範圍內的工作會卯足勁來幹，但對於領土範圍外的工作卻一無所知。

事實上，男人的確認為家裡的事並不在自己的領土內。我就有一個朋友說過：「老婆是家裡的總管，一切事情都歸她管，男人不應該隨便干涉吧？」

我相信不是只有他這樣想。

換一種說法的話，就是「對自己的老婆有信任基礎」。

比起自己，老婆更能把家裡的事打點好，因此便放心交給她。

有的老婆能夠接受，表現出來的態度是「好，家裡的事都交給我！」事情就這樣圓滿解決了。但有些老婆卻不這麼認為。

她們不喜歡老公那種**家裡的事情不關我的事**的態度，覺得家是大家一起生活的地方，因此希望家裡的事情老公多少要參與。

如果你的老婆屬於後者，那就別有「家裡的事情不在我的領土範圍內」這種想法。這只會讓你不斷踩到老婆的地雷。

老公覺得：「這點小事幫我一下有什麼關係。」

老婆覺得：「這點小事應該自己做。」

如果你的老婆屬於希望你參與家中事務的類型，其實也有方法幫助你做出正確回應，避免踩到地雷。只要搞清楚剪刀、膠帶、藥品等東西放在哪裡，就不用每次都得去問老婆了。

不過這不是每個人都能輕鬆做到的事，而且老公如果對家裡的事插手太多或有太多意見的話，可能會造成老婆的壓力。

其實，老婆對於老公每次都來問東西放哪裡之所以會不耐煩，還有一個重要的原因。

老婆的話

有一次當我急著準備晚餐，老么跑過來跟我討抱抱，同一時間老二也跑來跟我說：「馬麻，我把茶打翻在繪本上了。」搞得我手忙腳亂。結果從房間走出來的老公劈頭就問我：「剪刀在哪裡？」當下我真的很想哭，只好吼他：「真是的，自己去找啦！」

有時候老公就像這樣，因為時機不對而踩到老婆的地雷。不是不能問老婆東西放在哪裡，而是挑錯時機向老婆問這個問題。

做老公的或許會覺得：「直接告訴我東西放在哪裡不就好了嗎？」但時機不對的話，只會換來老婆「自己去找啦！」的答覆。

可是，挑選正確的時機可說是一項難如登天的任務。幾乎只能憑運氣去賭，需要某樣東西的時機剛好也是老婆方便回答的時機。

那到底該怎麼辦才好？

這種時候，我常選擇去問小孩而不是問老婆，以免踩到地雷。當我問「剪刀放在哪裡？」、「尿布在哪裡呀？」之類的問題時，小孩都會很高興地告訴我，有時還主動幫我拿過來。

對象是小孩的話，幾乎不需要觀察時機。如果小孩正好在看喜歡的卡通之類的，可能就是不好的時機，但即便如此，小孩也幾乎不會因為這樣就不高興，頂多是用「我不知道」之類的回答敷衍過去。

雖然這個方法是有限制的，像是要看小孩的年齡、小孩如果去上學不在家的話也不能用，但幾乎可以保證你不會踩到老婆的地雷，因此建議務必嘗試看看。

這樣做就不會踩地雷

想知道東西放在哪裡的話，去問小孩，不要問老婆。

老婆的地雷2 身體明明不舒服了，老公卻毫不體貼

老公低估了老婆的思考成本。
老婆高估了自己的思考成本。

老婆因為感冒而臥床休息，或是太過勞累而身體不舒服時，明明一眼就可以看出老婆的狀況不佳，老公卻還問「午餐咧？」、「晚餐吃什麼？」結果老婆因此大爆炸，這種例子也相當常見。

老婆生氣的原因，出在「這種時候你還想要我煮飯嗎？」、「你應該擔心我，不是擔心要吃什麼吧？」等內心想法。

但老公則覺得：「沒有啊，我問妳又不是要妳煮的意思，只是單純問妳要怎麼辦而已。也可以去外面買回來，或我自己（帶小孩）去外面吃啊。不過是問一下妳的意見罷了。」不瞞大家，我自己也曾多次踩到這樣的地雷。

但老公其實絲毫沒有惡意。

那老婆為何會生氣呢？

原因之一是老公經常低估了老婆的思考成本。思考成本指的是「思考」這件事本身造成的負擔。

「思考」這項行為需要耗費相當多時間與心力。例如，據說女性準備晚餐的過程中，最累的就是「思考菜色」這個部分。這時所付出的思考成本，大概就和主管突然告訴你：「我們要招待客戶的老闆，就交給你安排了。」差不多吧。招待客戶的前置作業階段必須考慮到對方對於食物的喜好、餐廳的氣氛、預算、日期如何排定等，老婆決定晚餐的菜色時也是一樣。食材、營養均衡、家人的喜好、預算、烹煮的難易度和所需的時間等，要考量的因素其實超乎想像的多。

晚餐的菜色如果不受家人好評，下場雖然不像沒把客戶招待好那麼嚴重，但就思考成本而言，其實是差不多的。

其實不只是晚餐的菜色，做老公的經常容易低估老婆的思考成本，所以才會覺得開口問「晚餐吃什麼？」不是什麼大不了的事。

這就成了地雷的源頭。

老公覺得自己想就好。
老婆希望兩個人一起想。

我知道女性可能會覺得：「這只是你們男人單方面的說法！」但其實很多男人都不喜歡別人給自己太詳細具體的指示。不論是工作或其他事情，基本上都希望對方信任自己，放手讓自己做。若對方願意把事情交給自己，就會自己思考、自己執行。

所以，平時如果是老婆負責煮飯的話，老公可能就會自然而然地覺得：「吃飯的事就全部交給老婆了！」而且老公可能還認為老婆可以憑她自己的判斷決定一切，因此這種狀況對老婆而言也是幸福的。

如此一來，就會有「無論遇到什麼狀況都不應該插手吃飯的事，必須請示掌管吃飯大權的老婆才行」的想法。

但另一方面，有些老婆並不是自告奮勇負責煮飯的，只是在不知不覺間默默順從了「煮飯是女人的工作」這種傳統社會價值觀。不過夫妻如果已經協調好「男主外，女主內」的角色分工，自然另當別論。雙方沒有達成這種共識的話，老婆對於煮飯的態度就很有可能是「我不是因為想煮才煮的，只是幫忙煮給你吃而已」。

如果是這樣的話，老婆就會希望耗費在煮飯上的心力愈少愈好，**老公最好多幫些忙，以減輕自己的負擔**。像是一起想晚餐的菜色，讓老婆少付出一些思考成本，而不是全部交由老婆自己想。

因此，如果老婆身體不舒服的時候，老公還偏偏跑來問「晚餐吃什麼？」的話，會讓老婆覺得：「都這種時候了，你還把事情都丟給我？」情緒就爆炸了。

老公不習慣把想法說出來。
老婆喜歡把想法說出來。

「晚餐吃什麼？」這個單純的問題會變成老婆的地雷，還有一個原因或許是老公的表達不足。

男人可能多少會覺得，已經清清楚楚、明明白白的事情就不用再特地說出來了。這應該男人和從小到大被教導「男人不要太多話」有關。

不想踩到老婆的地雷的話，**老公應該把原本放在心裡沒講出來的事**

情，向老婆表達清楚。

老婆身體不舒服的時候，要對老婆明白地表示：「我知道妳現在的狀況沒辦法煮飯。」然後才問老婆：「那要我去買什麼嗎？還是我簡單弄點（老婆吃得下的）東西？」家裡有小孩的話，也可以老公帶小孩去外面吃，再另外幫老婆準備。像這樣明確表達自己的想法，相信可以大幅降低踩到老婆地雷的機率。

這樣做就不會踩地雷

老婆不舒服的時候，不要不識趣地問：「晚餐吃什麼？」

老婆的地雷3
垃圾到處亂放

老公覺得：「我只是有時候亂丟。」
老婆覺得：「你每次都亂丟。」

便利商店的塑膠袋、零食的包裝、喝飲料的杯子、穿過的襪子……，相信每個人都有因為隨手亂放這些東西而被老婆罵的經驗。

我過去也曾踩到過這個地雷無數次，其實現在也偶爾還是會踩到。老婆總是會抱怨：「你每次都亂丟！」、「為什麼你老是這樣子？」等等，我則是會在心裡嘀咕：「又不是每次，我只是有時候亂丟。」、「我又不是故意的……」一面默默地反駁，一面把垃圾拿去丟。

但和以前相比，我踩到這個地雷的機率已經明顯下降很多了。

要說原因的話，就是每當我踩到這個地雷時就會和老婆進行溝通。

老婆：「你垃圾每次都亂丟。」

我：「沒有啊，我昨天就有好好拿去丟。」

老婆：「只有昨天吧？只有那麼一次的話哪算有好好丟。」

我：「既然我有好好丟過一次，就不能說我每次都沒有好好丟吧？」

我們的對話大概就像這樣。

客觀來看，讀者可能會覺得丟垃圾這種小事有什麼好爭論，但這種乍看下無關緊要的爭論對夫妻間的相處其實很重要。

彼此坦白說出心裡感受，能夠促進夫妻的情感交流。尤其女性經常需要這種情感交流，而且在盡情發洩之後大多會得到滿足。

相較於女性，可能許多男性都覺得這種爭辯很煩人。但其實**這種「煩人」的感覺才是重點**。正因為覺得被老婆唸、跟老婆爭辯是件煩人的事，所以才會下定決心「以後再也不要亂丟垃圾、襪子脫了以後到處亂扔了」（雖然之後還是會故態復萌）。

多次上演類似戲碼之後，我在家裡踩到這個地雷的頻率也降低了。所以踩到老婆的地雷也未必都是壞事。

最糟糕的就是老公覺得「爭辯這種事有夠煩」、「說什麼都沒用啦」而忽視老婆的說法，選擇逃避或悶不吭聲。這樣的話不會有任何改善，而且雙方心裡都會留下疙瘩。

踩到老婆的地雷時不要逃避，和老婆進行溝通，設法讓彼此更了解對方，夫妻關係才會往好的方向發展。

老公覺得：「應該是老婆來做。」

老婆覺得：「應該是老公來做。」

或許有人會納悶，就算是垃圾亂丟、襪子隨便扔好了，老婆幹嘛那麼生氣？

把垃圾撿起來丟到垃圾桶、把襪子放進洗衣機又不是多難的事，老婆在那邊碎碎念的時間都足夠做完這些事了。

老婆生氣的地方不在於這些動作、行為本身難不難、累不累，而是想到：**「老公是不是覺得這些事理所當然都事應該由我來做？」**因此火冒三丈。老婆會覺得：「自己製造的垃圾本來就應該自己丟，要老婆幫忙丟還一副無所謂的樣子，完全不懂得感恩！」

女人會有這種想法是很正常的。許多男人心裡或多或少還是會覺得女人負責煮飯、洗衣服、打掃是天經地義的事。當然，並非所有男性都是如此，但在家務幾乎都是由母親包辦的家庭長大的人，通常特別容易有這種想法。

若把別人幫自己做當成理所當然的事，就會變得愈來愈懶得自己動手，而且不知感激。這樣自然會令女性生氣，不改變想法的話，夫妻關係恐怕也會變差。

那該怎麼做才好呢？

最理想的方法，就是夫妻雙方都降低對另一半的期待。

我在序也提過，當期待與現實出現落差時，人就會產生情緒。因此，夫妻雙方都應該不要對另一半抱過高的期待。

老公減少老婆理所當然應該幫自己做家事的期待，這樣才會感謝老婆的付出。下班回家發現老婆把家裡收拾乾淨時，就會覺得：「感謝老婆幫忙整理我們的家。」

而且人都具有「互惠」的心理，當別人有恩於自己時，會覺得自己必須有所回報才行。如果懂得感激老婆幫忙收拾的話，就會產生「自己也得做點什麼，哪怕只是垃圾不要到處亂放、襪子脫了不要亂丟也好」的想法。

老婆同樣也能降低期待的話，就更完美了。

就像老公常覺得「家裡的事情就應該由老婆來做」，老婆也往往認為老公自己主動把垃圾收乾淨是理所當然的事。但這樣的話，就算老公偶爾主動收拾一次，老婆也不會當一回事。這對老公而言或許已經是很大的進步了，然而沒有得到肯定的話，其實頗令人難過的。

夫妻能一起降低對另一半的期待當然是最好的，但改變他人是一件很難的事，畢竟每個人都不喜歡別人試圖改變自己。因此我建議，先從降低自己對老婆的期待做起。如此一來，老婆或許就會基於前面提過的「互惠」心理，同樣降低對你的期待。

順便告訴大家，我覺得我對老婆在煮飯方面的期待就滿低的。我老婆並非廚藝不佳，我也沒有「老婆煮飯給我吃是天經地義」的想法。

所以當我下班回家時如果發現老婆沒煮飯的話，並不會覺得怎樣。肚子要是餓了就吃個泡麵什麼的，或是去附近買東西來吃其實都無妨。

只要能保持這種心態，回家時如果看到老婆已經煮好晚餐了，會覺得「太棒了」，如果剛好又有自己喜歡吃的菜，就會覺得「真是超級無敵棒」！

降低期待能讓自己更容易滿足，可說是婚姻幸福的捷徑。

這樣做就不會踩地雷

降低對老婆的期待，不要覺得老婆為自己做的事都是理所當然的。

老婆的地雷4

寶寶半夜哭鬧全都丟給老婆處理

呼呼大睡
哇—
哇、哇—
這種時候應該要回憶過去的美好時光
呼—
我想想
呼—
婚後不久的某個星期天早上，醒來時看到身旁的老公正睡得安詳舒適。老公熟睡的臉龐看了讓我覺得好安心。
真想重溫當時那種心動的感覺……。
呼
呼
呼—
完全沒辦法……

老婆覺得：「為什麼老公都沒發現寶寶哭了？」
老公覺得：「只是沒注意到而已，我又不是故意的。」

寶寶半夜大哭，老公都不起床去哄一下。相信這件事是許多老婆的地雷。就算自認為從來沒踩到過這個地雷的人，也很有可能其實早就踩過了，只是自己沒發覺而已。相信全天下的媽媽應該都有過對著呼呼大睡的老公發飆的經驗吧。當然（！），我自己也曾踩過這個地雷許多次。

老婆的話

小孩明明在哭，老公還是只顧著睡覺的話，會讓老婆覺得：「你竟然還睡得下去？」、「一點也不體貼！」、「有夠自私！」、

「你知道我有多累嗎？」產生各種怨言。

但男人會覺得自己並不是故意視而不見的，也沒有「懶得理寶寶哭，繼續睡吧」的想法。而且最麻煩的是，男人通常習慣接受事情的現狀。所以小孩在哭時，男人只會覺得「寶寶在哭」，如果小孩繼續哭下去的話，也只有「還真會哭耶」之類的想法。尤其當老婆就在旁邊時，更加不會認為「我必須主動安撫寶寶」。

如果是女人發現小孩在哭，會馬上思考「寶寶為什麼會哭呢？」並採取行動安撫，像是把小孩抱起來、餵奶、換尿布等，觀察小孩的狀態迅速做出處置。當男人還在悠哉地想「還真會哭耶」的時候，手腳快一點的女人說不定都已經把小孩安撫好了。這種面對狀況時表現出來的反應，會更令老婆跳腳。

老婆的話

老公察覺不到小孩半夜在哭、反應遲鈍或許是因為天真地認為「老婆一定會幫忙做」。

老公們踩到這個地雷時，經常用「我又沒有奶可以餵寶寶，根本幫不了忙（所以就算起床也沒用）」當藉口。

我也認為餵奶的確很有用，所以到頭來，小孩半夜在哭的時候還是老婆來處理最有效率。但如果小孩是喝配方奶的話，老公也可以處理。而且，如果先擠好母乳冷凍起來，只要解凍加熱，老公一樣可以用奶瓶來餵，實際上也的確有人這樣做。

男人不可以一開始就放棄，覺得自己什麼都做不了，而是該找出「自己能做的事」。就拿換尿布來說，「拿新的尿布→幫寶寶更換→把用過的尿布拿去丟→洗手」這些步驟，其實需要在家裡四處移動。老婆餵完奶後，老公如果肯幫忙換尿布的話，相信老婆也會覺得感激。

老婆的話

不過，或許也有老婆認為「老公好好睡覺，養足精神去上班比起來幫忙哄寶寶重要」，因此還是需要雙方討論，找出最適當的做法。

想避開這個地雷，唯一的方法就只有動手做自己做得到的部分。但或許還是會有人搞不清楚自己究竟該做什麼。**只要讓男人知道自己必**

須有所行動的明確理由為何，而且這樣做是有成果的、能得到認可，其實男人並不會抗拒。清楚向老婆說明這件事，也是避開地雷的方法之一。重點在於要請老婆清楚明白地表達「希望老公做什麼、原因為何、要用什麼方式做」。另外，如果你能接受因為這樣而在半夜被老婆挖起來的話，也要讓老婆知道。老婆或許會認為「不應該每件事都要我來講，你自己要懂得察言觀色」，但其實大部分的老公都做不到這一點，所以一定要死纏爛打，堅持「妳必須說明清楚我才會懂」。

這樣做就不會踩地雷

請老婆清楚明白地表達「希望老公做什麼、原因為何、要用什麼方式做」。

老婆的地雷5

懂得寫程式，卻不會用家電產品

老公覺得家裡是「老婆的領土」。

老婆覺得家裡是「夫妻兩人的領土」。

部門內的工作堆積如山，於是你分派其中一些給資歷較淺的同事，但同事因為不知該如何處理而頻頻前來詢問，結果反而佔用你更多時間，只好在心裡暗自不爽。

你是否有過這種經驗？

其實你也有可能因為類似的狀況而踩到老婆的地雷。

例如，老婆因為自己在忙，拜託老公幫忙洗衣服，老公雖然答應了，卻一下問老婆：「要用哪種洗劑？要加多少？」一下又來問：「洗劑要加在哪裡？」、「要按哪個按鈕？」到了不知道第幾次的時候，老婆終於受不了，決定「算了，我自己來」。

雖然我也沒資格說別人，但對於家事幾乎一竅不通的老公其實還不少。相信應該有人連洗衣機、微波爐、洗碗機都不太會用吧？但這正是老婆的地雷之一。老婆會覺得：**「為什麼連這麼簡單的事都不會？」**

老婆的話

在老婆看來，老公這個樣子簡直就是覺得家裡的事跟自己毫無關係！

老婆會這樣想也不奇怪。實際上，老公的確常認為這些事跟自己無關。老婆會覺得「家裡的事就是夫妻兩個人的事」，但老公則認為「家裡的事是老婆的事」。

但老公為何會覺得家裡的事情不關自己的事呢？我認為原因之一是「當老公的不清楚自己在家裡扮演的角色」。也就是完全掌握不到自己在家裡的定位、該負責做什麼。

例如在我家，我偶爾會想發揮存在感，幫忙洗個碗之類的，但老婆總會在一旁指導：「不對，應該這樣做。」如果是我的做法明顯有錯的話也就罷了，但有時我覺得老婆只是想堅持她的那一套而已。

不過，其實就算老婆提出「這樣做應該比較好吧？」之類正確的意見，也會讓我有她在怪我「為什麼你連這種事都不懂？」的感覺，自尊因而受損。

如此一來，就會產生「幫忙做事還要被講成這樣的話，那乾脆不要做了，全都讓老婆做吧！」的心態。既然知道「不要隨便跑到別人的地盤撒野」的道理，自然會選擇主動退到一旁。

所以就算老婆質疑：「你是不是覺得家裡的事都跟你無關？」男人也只會覺得：「那不然到底要我怎麼做？」

那麼，對家裡的事一竅不通的老公，該如何避免踩到老婆的地雷？

方法之一就是請老婆將家中的某個區域或某項工作交給自己。

如果是廁所的話，打掃廁所、更換或補充衛生紙、更換毛巾、檢查芳香劑的剩餘量及補充等，和廁所有關的事全都由老公包辦，並請老婆完全不要干涉。

既然要求旁人不要干涉，當事人自己就會產生責任感。

不知道你是否同意，當男人被交付責任、全權承擔一項工作時，往往比較容易有幹勁。相較於被要求幫忙卻又無法照自己的意思做，還要遭受抱怨，由自己主導、負責的話，在感受上肯定好多了。

如果有了一塊完全由自己負責的區域，有些人或許還會上網查怎樣打掃更有效率，或是上購物網站搜尋各種清潔用品。

想要進一步增加動力的話，也可以給自己「廁所部長」、「廁所總管」之類的稱號，清楚讓老婆知道你負責的區域。

無論是浴室、玄關、寢室等，要挑選哪裡當作自己專門負責的區域都無妨。另外像洗碗、假日時陪小孩玩、接送小孩、拿衣物去洗衣店送洗及取件等，分擔一部分家事或育兒工作也可以。

至於我在家裡則是負責「小孩的學習」。工作就是當小孩遇到不會的問題時，提供解題或想法的建議，另外還有改習題、檢查小孩是否會唸生字等。

老公並不是只要有做自己負責的部分就好，即使已經分配好各自的工作，如果有餘力的話，還是應該幫忙自己負責範圍以外的事情。

話說回來，能確實處理好一兩樣家中事務的話，其他部分就算沒做好，也有相當高的機率讓老婆覺得：「既然他有把其他事情做好，那就算了吧。」

這樣做就不會踩地雷

幫忙分擔家裡某項工作，並請老婆完全放手給自己做。

老婆的地雷 6

老婆難得自己出門一次，也要問她幾點回家

老公只會直接解讀字面上的意思。
老婆會去思考一句話背後的意思。

你知道這個四格漫畫中的老婆為什麼生氣嗎？

說不定你很詫異，納悶：「老公只不過單純問老婆回家的時間，老婆幹嘛生氣？」

但其實在生氣的背後，隱藏著老婆的真心話。

老婆的話

當我偶爾自己出門時，老公特地問我「幾點回來？」的話，會讓我有種他是要我「早點回來」的感覺。

如果老婆不是在老公每次出門時都要問老公幾點回家的人，或許更會覺得：「我平常都沒有問你不是嗎？你出去喝酒時都沒在管時間的不是嗎？我偶爾也想要這樣的自由！」

「幾點回來？」這樣簡單的一句話會令老婆生氣，就是這個原因。

重點在於，**老公問的「幾點回來？」對老婆而言，聽起來像是在說「早點回來」**。

的確，就像老婆所想的，有些老公詢問這句話的用意是想要老婆早點回家，尤其控制慾強的老公有很大機率是這樣。

但我相信大多數老公在問「幾點回來？」時就只是單純想知道老婆

大概什麼時候回家，通常沒有更多的意思。

至少我就是這樣。

就我而言，假如老婆不在家，我要負責顧三個小孩的話，有些事情必須確認。一方面是因為想要心裡有個底，另一方面則是得視狀況張羅小孩吃飯，所以才會這樣問老婆。

老公問老婆：「幾點回來？」老婆只要回答：「大概○點。」沒有什麼特殊情形的話，老公通常就不會再多說什麼。

但女人特有的細膩心思往往會在這時候運作起來，聽到老公問「幾點回來？」就會試圖解讀這句話背後的意義，思考老公沒有說出來的弦外之音是什麼。一旦老婆的解讀是負面意思的話，就會感到不高興。

但是男人幾乎不具備這種細膩的心思，也因此經常令老婆失望。

我自己之前就曾經這樣過。那是我老婆為了哄小孩睡覺，雙手一面抱著小孩一面餵奶時發生的事。那天十分悶熱，老婆當時問我：「家裡會不會太熱？」我正坐在沙發上看書，便不經意地回答她：「會嗎？小孩在喝奶的時候體溫會變高，所以妳才覺得熱吧。」

結果老婆帶著失落的表情對我說：「這種時候你應該問我要不要把冷氣溫度調低一點啊……我又沒有手可以拿遙控器。」

「那妳直接跟我說要我把冷氣溫度調低一點不就好了？」

如果是幾年前的話，我大概會這樣反駁她吧。但現在的我已經了解到男女之間的不同，所以懂得冷靜下來思考：「原來老婆的想法是這樣啊。」

女性的細膩心思的確有其優點。也有說法認為，這種細膩的心思是保護、養育幼兒成長所不可或缺的。

但細膩的心思卻也時常引發糾紛。

如果想避開這種因為老婆心思細膩而產生的地雷，方法之一就是告訴老婆，不是只有自己，許多男人的心思都不夠細膩。另外就是**請老婆照字面上的意思解讀自己說出來的話就好。**

男人說出來的話幾乎都不會有更深一層的意思，因此老婆不需要費心去想老公是否話中有話。

這些話只跟老婆說一次的話，大概不會有多大效果。

所以每當夫妻間的對話產生誤會時，就要不厭其煩地強調給老婆知道。而在一次又一次遭遇類似狀況的過程中，相信夫妻也會逐漸摸索出對方的思考模式。

這樣做就不會踩地雷

告訴老婆：

「我說出來的話就是字面上的意思，不用過度解讀。」

第2章

搞不清楚狀況的老公

老婆的地雷7

在老婆哄小孩睡覺的時候回家

老公覺得：「我只是想讓小孩開心。」
老婆覺得：「這時候讓小孩開心反而是給我找麻煩。」

在小孩剛睡著時回家，把小孩挖起來；在小孩準備上床睡覺時回家，結果害小孩太興奮，難以入睡……。這同樣是老婆的一大地雷。

我也曾有過「晚上九點左右回家時，帶了新奇的玩具給小孩，孩子們非常開心，但老婆暴怒」的經驗。

我想男人的想法應該是：「我沒有要給老婆找麻煩的意思，只是單純寵一下小孩，想看到小孩開心的樣子，想讓小孩高興而已。」

但老公這樣的行為通常只會造成反效果。老婆會覺得：「想讓小孩開心是很好，可是時間不對。」

老公覺得：「我工作到這時候好不容易才下班。」

老婆覺得：「我做家事、照顧小孩到這時候，好不容易才鬆口氣。」

自己只是想看小孩開心的模樣，為什麼老婆卻要發脾氣，而且還被老婆埋怨「幹嘛不在小孩還沒睡的時候回來」呢？

這大概就和明明快要下班了，卻突然被主管交辦工作時所感到的失落差不多吧。

假設你已經和朋友約好要去喝酒了，因此希望無論如何一定要準時下班。為了達成這個目標，你一早就已經想好工作要如何處理，還特地縮短午休時間，整個下午也卯足全力在工作。終於接近下班時間，你心想：「只剩下一點點了，把這些處理完就可以痛快喝酒了！」準備展開最後衝刺。

如果這時候主管突然對你說：「抱歉，這些東西明早之前給我。」交付工作給你的話，你會作何感想？

一定是打從心底覺得失望吧。甚至可能會在心裡生氣，覺得今天一整天的努力究竟算什麼？幹嘛挑在這個時間交辦工作？

這就和老婆為了讓小孩在九點睡覺，早早就做好安排，進行各種準備，**老公卻在「小孩差不多要睡著了」的時候回家時老婆的心情一**

樣。一想到明天又是從早就要開始忙，今晚卻不能早點收工，就更加受不了。連小孩睡著後一點零星的自由時間都被要剝奪，也難怪做老婆的會生氣。

老婆的話

從一早就一直忙著做家事和顧小孩，到了心想「小孩睡著後終於可以喘口氣了」時，老公回來了，於是我又得幫老公準備吃的，老公吃完後還得收拾。我不禁覺得：「我到底幾點才能下班？」

所以現在我如果覺得回家時會遇上小孩睡覺時間的話，就會傳訊息給老婆，向她確認：「我大概○點回去，可以嗎？」打電話可能會因為電話鈴聲或老婆說話的聲音吵醒小孩，所以進行確認時一定要使用臉書的即時訊息功能或是傳LINE。

如果剛好是小孩要上床睡覺的時間，我就會繞去書店，或是去咖啡店坐一下再回家。或許會有人覺得：「明明是自己家，為什麼不能想幾點回去就幾點回去？」但比起在不對的時機回家，結果踩到老婆的地雷，這樣至少能讓自己多放鬆一下。

這樣做就不會踩地雷

傳訊息告訴老婆自己幾點回家。

老婆的地雷 8

向老婆求歡卻不懂得看狀況

不知為何，看到別人公然調情總覺得不舒服……
打情
罵俏
不過我自己以前也一樣啦
打情
罵俏
好！
今晚來重溫一下吧！
走～開～～啦～～

老公想要。
老婆卻不想要。

雖然不太會被公開提起，但其實性生活是夫妻間常見的問題之一。

有一個詞叫作「產後無性」，代表許多夫妻在小孩出生後就沒了性生活。之所以會這樣，原因其實也出在老婆的地雷。

就算是感情再好的夫妻，剛生完小孩時性生活也一定會變少。相信有些夫妻在這段時間甚至是完全沒有性生活。

通常老婆這時候無論在體力或精神方面，都完全沒有和老公恩愛的興致，但老公的性慾絲毫沒有減少。老公會想方設法找時間向老婆求歡，但這卻成了老婆的地雷。

「我都這麼累了，一點也沒心情！」、「現在這個狀況我根本沒興致，你還來亂！」於是老婆的地雷就爆炸了。

求歡被拒的話，男人一定會很沮喪吧。會懷疑自己是不是沒有魅力了、自己是不是被否定了、老婆是不是不愛自己了等等，內心感到挫折。不過男人並不會因此而罷休，過了一段時間後會再次試探老婆，但仍然被拒絕。

這樣重複幾次後，男人就會懶得再向老婆求歡了。於是沒有性生活的日子便持續下去，不知不覺間成了無性夫妻。

當然，性生活並非一切，相信也是有無性夫妻過得很幸福。只要夫妻雙方都能接受的話，那就沒有問題。但在無性生活之中，只要有一方不是出於自願的話，這樣的夫妻關係就稱不上健康。

老公因為荷爾蒙而產生性慾。

老婆因為荷爾蒙而沒有性慾。

其實一般認為，女性在生產後失去性慾，是受到荷爾蒙影響的關係。生產後會大量分泌一種叫作催乳素的荷爾蒙，這種荷爾蒙會使乳腺發達、製造母乳。

催乳素是孕育下一代不可或缺的荷爾蒙，因此也具有抑制性慾的作用。為了使女性專注於養育新生命，催乳素會自然而然降低性慾，以避免再次懷孕。

有些女性在生產後不要說是性行為，甚至連被老公碰觸都會感到厭惡，這也很有可能是荷爾蒙在作祟。

另外，生產後與寶寶的親密接觸會讓女性大量分泌名為催產素的荷爾蒙，具有產生乳汁的作用。

催產素又被稱為「幸福荷爾蒙」、「愛情荷爾蒙」，據說當催產素大量分泌時，女性會覺得被一種難以言喻的幸福感圍繞。

另外，催產素會令女性容易對不疼愛自己付出愛情的對象——也就是寶寶的人產生敵意。換句話說，如果老婆認為老公沒有積極參與照顧的話，就會對老公感到不耐，產生責怪之意。如此一來，就不會想要和老公發生關係。

至於刺激男性性慾的，則是名為睪酮的荷爾蒙，這種荷爾蒙的分泌量並不會受老婆懷孕或生產影響，因此男人便還是一樣「性」致勃勃。

生產後，老婆的性慾減少了，老公的性慾卻沒有絲毫改變，這樣的差異形成了老婆的地雷。

老婆的話

女人在生產後之所以無心於性事，還有一個原因是身體實在太累。尤其新生兒（還沒滿月的寶寶）大多沒辦法睡太久，有些寶寶醒著的時候甚至得一直抱著餵奶，所以當媽媽的很容易睡眠不足。老實說，應該很多女人都覺得：「有時間做那檔事的話還不如拿來睡覺。」

那要怎麼做才不會踩到這個地雷呢？

唯一的方法，**就只有靠老公忍耐了。**即使想和老婆恩愛，只要老婆不願意的話，也只能忍下來。

重要的是，就算被老婆拒絕了，也不要輕易覺得沮喪或亂發脾氣。即使受了老婆的氣也要記住，並不是老婆故意要這樣，而是荷爾蒙令她如此的。因為荷爾蒙在說「ＮＯ！」所以這也是無可奈何的事。

老婆的變化或許會令你感到困惑，但以長遠的眼光來看，這只是荷爾蒙造成的短暫影響。夫妻在這個時期的摩擦所產生的後遺症其實比想像來得嚴重，所以還是小心避開老婆的地雷比較好。

這樣做就不會踩地雷

生產後暫時不要找老婆求歡。

老婆的地雷 9

在老婆面前喊累（其一）

老公覺得：「我有夠累。」
老婆覺得：「我比較累。」

我們家現在住在東京，不過以前是全家在福岡生活。

當時我經常去東京工作。在東京待上幾天，卯足勁處理完工作，然後回到福岡的家，癱坐在沙發上時會不自覺地說：「啊──，累死了。」

雖然老婆就在一旁，但這基本上只是自言自語，就像是不經意透露自己的內心感受一樣。

但有時候這一句「累死了」會變成老婆的地雷。

當我回過神來才發現，老婆已經生氣了。「我一個人在家顧小孩也很辛苦啊，真正累的人是我好嗎！」

你有沒有類似這種和老婆爭論「誰比較累」的經驗呢？像是不過隨口說了一句：「啊——，累死了。」就引來老婆的激烈反應；或只是脫口而出：「今天超累的。」老婆的回覆卻是：「我更累好嗎？」你為自己辯護：「我工作很辛苦耶！」但老婆也勃然大怒：「（辛苦的人不是只有你）我也一樣辛苦啊！」

你或許會納悶，不過是不經意的一句話，老婆為何如此生氣？

首先要知道的是，**許多夫妻雙方都認為「自己是兩個人之中比較累的那一個」**。不論實際上究竟是怎樣，老公和老婆永遠覺得「自己比較累」。

明白這一點後，或許你就能冷靜地接受老婆有這種想法的事實，知道「原來老婆覺得很累」而不會自行隨意解讀。

無法維持冷靜的話，就會想要反駁「不對，一定是我比較累！」或是質疑「所以是我過得比較爽的意思嗎？」容易做出多餘的解釋。

老公點燃了怒火的引信。

老婆在情緒連環炸之後大爆發。

老婆究竟為什麼會在這種情況下發火？

原因之一是老婆內心的情緒或許已經爆炸過一輪了。

聽到老公說：「啊——，累死了。」老婆會在心裡覺得：「拜託，我也很累好嗎？」接著，這個「很累」的想法就會喚起內心的各種回憶。

大概就像「我得流感很不舒服的那次，小孩半夜在哭，老公竟然還呼呼大睡。」、「小孩發高燒的時候我手忙腳亂的，結果老公跑去喝酒到半夜還不回家。」等等，一一翻出舊帳，這些過去埋下的未爆彈這時候便在老婆心裡連環爆了。

因此，雖然老公只是不自覺地說一句：「啊——，累死了。」換來的卻是老婆怒吼：「我也一直很辛苦啊！」還大發雷霆。老公或許覺得一頭霧水，但這其實是一連串爆炸引起的最終爆發。

而且還有一個麻煩的地方是，這一連串爆炸之中，有些事情可能其實和老公無關。

如果老婆是職業婦女的話，這些爆炸之中或許包含了因自身工作不順而產生的煩躁，或覺得時間不夠用而產生的煩躁。也可能是和小孩有關的煩惱，或與其他人的人際關係問題等。老婆心裡覺得「這也不順！那也不順！」的話，各種怒氣就會全部混雜在一起。

老公吵架時愛講道理。

老婆吵架是要發洩情緒。

這種時候老公該如何應對呢？

方法之一是選擇「忍一時風平浪靜」。雖然這可以說是在測試男人的度量，但女人有時候就是需要發洩一下。

老婆的話

有的時候女人就只是單純想發洩一下情緒。雖然不知道發洩完後問題是不是能得到解決，但至少心裡暢快多了。

老婆情緒爆發的時候告訴自己：「沒辦法，運氣不好，今天剛好被我碰到了。」或許才是聰明的選擇。

至於絕對不能做的，則是試圖講理反駁老婆的態度或她說的話。

許多老公都會忍不住說出一些看似在道理上站得住腳的話：

「妳每次都說妳很辛苦，但應該也有不辛苦的時候吧？為什麼都選擇忽視呢？」

「難道妳辛苦全都是我害的嗎？」

「我說自己很累不過是講一下感想而已，為什麼妳也要有意見？而且還要翻以前的舊帳出來！」

甚至往往還會指責老婆不講理的部分。

但這樣等於是火上加油，狀況肯定只會愈來愈糟。雖然搬出道理來吵架的話，老公通常會吵贏，但就算吵贏了也解決不了任何問題。

所以這種地雷是想避也避不掉的。不要在老婆面前表現出「很累」之類的想法或抱怨，恐怕也不太實際。老公隨口說的一句「很累」未必每次都會變成老婆的地雷。

因此，遇到這種地雷時，重要的不是如何避開，而是踩到後要如何處理。

這樣做就不會踩地雷

不小心踩到老婆的地雷時要這樣做

不要試圖講道理反駁，默默等待雨過天晴就好。

今天
超累的——
呼——
冒火
BEER

老婆的地雷10

在老婆面前喊累（其二）

☹ 老公只分攤了百分之十的家事。
☺ 老婆負擔了百分之九十的家事。

老公隨口說一句：「啊——，累死了。」卻點燃了老婆的怒火。前面提到，老婆生氣的原因有可能是情緒的連環爆，這裡則要從不同角度來分析老婆的這個地雷。

老婆生氣的另一個原因，有可能是內心埋怨：「我平時有夠辛苦的，老公卻一點也不理解！」

話說回來，當老婆的到底有多辛苦呢？

不論是家庭主婦或職業婦女，也不管有沒有小孩，每個情境中的老婆各自有她們辛苦的地方。

首先是家事。

最近有一項調查以一千名已婚，且有全職工作的男女為對象，詢問夫妻間的家事分工，得到的結果是有百分之三十的夫妻「幾乎所有家事都由老婆包辦」，百分之三十六的夫妻是「家事由老婆負責，老公會幫忙一小部分」。

而家事的分攤比例以「老公百分之十，老婆百分之九十」最多，占全體的百分之二十四；其次是「老公百分之二十，老婆百分之八十」，占全體的百分之十九。簡單來說，即使雙方都有全職工作，但仍舊是由老婆負責壓倒性多數家事的夫妻居多。

因此似乎可以說，老婆「為什麼不懂得我的辛苦！」的想法背後，也存在著「我做了這麼多，老公卻……」的不公平感。

老公需要放空。
老婆沒有時間停下來。

另外，老公身為男人的天性也有可能令老婆更加怒火中燒。

有不少男人在外面雖然精明幹練、手腳俐落，但一回到家就一副懶散沒出息的樣子。不過就某方面來說，男人天生就是這個樣子，這是過往長期累積的生活習慣造成的。

以前的男人必須賭上性命外出狩獵，打獵所需的專注力、體力、技術、緊繃感等，遠遠超出活在現代的我們的想像。所以相信當男人搏命打到獵物，回到家人守候的家中時，肯定是身心俱疲。大多數男人在家裡大概都只想盯著火堆發呆。

現代的男人基本上也是一樣。在外面是「完全開機狀態」，在家裡則是「完全關機狀態」。男人並不是故意在家裡擺爛、耍頹廢，而是在為「下一次打獵」儲備能量，因此自然而然進入關機狀態。

那女人又是如何呢？

男人外出狩獵時，女人則是負責採集果實等工作，另外還要煮飯、照顧小孩及老人，並設法和其他人打好關係。當男人結束打獵回家了，則得伺候他們。因此女人沒有「盯著火堆發呆放空的時間」。

現代女性其實也一樣。**家庭主婦一整天都要忙著做家事、照顧小孩，職業婦女回家後則還有家事、育兒這些「工作」等著自己。**

但這時候眼前卻是「完全關機狀態」的老公癱坐在電視前傻笑。現在不像古代會直接把打回來的獵物放在一旁，因此現代男人的成果及辛勞很難用肉眼看見。於是老婆便覺得：「真是的！為什麼只有我一個人這麼辛苦！」怒火因而爆發。

老公和老婆各自有辛苦的地方，但感覺起來似乎是女人做的事比較多。原因或許也和當老公在悠閒地休息放空時，老婆卻仍然為了家事忙個不停有關吧。

☹ 老公應該對老婆說出真心話。

☺ 老婆也應該對老公說真心話。

那這時又該如何應對呢？

我在前一個單元介紹的方法是「忍一時風平浪靜」，不過在這裡我給的建議是「該吵架的時候就要吵架」。

你可能覺得和另一半爭執、爭辯太麻煩、太累了。但夫妻雙方如果都因為這樣想而把話憋著、不願認真面對的話，問題只會愈來愈嚴重。甚至有心理學家認為，夫妻不肯向另一半表明自己的想法，會使得彼此內心受傷，進而表現在身體出狀況等健康問題上。

前面曾提到，女人「有時候需要發洩情緒」，其實某種程度上男人也一樣需要。

有些男人遇到事情時會選擇悶在心裡什麼也不說，但這是女人最討厭的行為。而且將所有情緒全都積在心裡，也是一種對自己內心有害的行為。

聽到另一半的真心話、向另一半說出自己的真心話對夫妻而言不是一件好受的事。但選擇逃避的話，夫妻就永遠無法互相了解。反過來說，我認為夫妻就是要有衝突才有辦法了解彼此。

就算因為踩到老婆的地雷而大吵一架，只要最終能讓雙方因而了解彼此的想法，這樣的吵架就是有意義的。

這樣做就不會踩地雷

不小心踩到老婆的地雷時要這樣做

夫妻雙方認真面對彼此，大膽說出心裡的話。

（＝吵上一架）

老婆的地雷11

沒把老早就說好的事放在心上

今晚要和姐妹淘們去吃飯！
興奮
興奮
興奮
已經三年沒有在晚上自己出門了！
化妝
呵呵呵呵
呵呵
準備老公和小孩的晚餐
煮呀煮
剩下的就拜託你囉！
咦？妳要去哪？
我今晚有應酬耶
真不敢相信……
火冒三丈
我都說了那麼多次了！
馬麻－
衣服要破了啦－

老公覺得工作的事最重要，家裡的事只是其次。

老婆覺得工作的事和家裡的事一樣重要。

將家裡安排好的行程忘得一乾二淨也是會惹老婆生氣的大地雷。

大多數老公真的會不小心忘記家裡的行程，並不是故意的。但老婆因此而發的脾氣恐怕超乎你的想像。

這是因為老公和老婆對於「重要度」的認知不同。

男人通常認為和工作相關的事最重要，除此之外的事都是次要的，也因此容易把家裡當成休息的地方，不把私人行程放在心上。

但多數女性則認為工作的事和家裡的事是對等的，兩者的重要度差

不多。

因此，女性會將家裡的行程也一一寫進行事曆（如果是職業婦女的話，會把家裡的事和工作的事都記上去），工作上的會面、會議等行程，和小孩的運動會、校外教學、學才藝、去醫院照顧娘家爸媽等家裡的事都會出現在上面。

但會把家裡的事寫進行事曆的男人應該很少吧。

這種差異便是踩到老婆的地雷的原因。

老婆會對老公忘記原本講好的事大為不滿：「為什麼會忘記那麼重要的事？而且老早就已經跟你說過了！」但老公卻覺得：「我又不是故意的，（而且明明感覺不是很重要）幹嘛那麼生氣？」感到莫名其妙。

☹ 老公經常低估老婆的行程的重要性。
☺ 老婆經常低估老公的行程的重要性。

那該如何避開這個地雷呢？

最保險的做法，就是家裡的事情和老婆講定之後，當場寫在行事曆上。我從之前開始，不論是工作的行程或家裡安排的事情就全都用Google行事曆來管理，所以最近幾乎沒踩到這個地雷了（笑）。

另外，如果排了家裡的事情，也可以請老婆用訊息把這個行程傳給自己，然後馬上寫進行事曆。用口頭說的話，很容易會忘記，但神奇的是，只要有收到訊息，往往就會記得寫進行事曆。

就算收到訊息也還是會忘記的話，那就請老婆在預定行程的「一個月前」、「一週前」、「前一天」等時間，多傳幾次訊息給自己。或許你會覺得：「要老婆傳好幾次的話，她可能會嫌麻煩而不肯吧？」但我還是建議去拜託看看。或許老婆的確會擺臉色給你看，但她也有可能會出乎意料地乾脆答應。因為有些老婆的想法其實或許是：「（希望老公一定要記住這件事，所以）很想多提醒老公幾次，但又怕被嫌太囉嗦……」

許多夫妻間的摩擦，大概就是從這種出乎意料的小誤會產生的。明明雙方都是為對方著想，卻因為沒有溝通清楚而產生衝突的話就太遺憾了。不要自作主張以為「對方大概是這樣想的」，再小的事情都應該要確認彼此的想法。相信這樣做也有助於避免在日後踩到地雷。

另外還有一點也一樣重要，就是**不要擅自判斷老婆行程的重要程度**。

假設老婆和朋友相約聚餐，所以拜託你當天幫忙顧小孩。

你可能覺得老婆和朋友聚餐並不是什麼大不了的節目，如果同一個時間剛好也有工作上的事情，你大概會毫不猶豫地把工作排進來吧。

但這只是你自己的觀點，老婆的觀點並不是這麼回事。或許對老婆而言，和朋友聚餐是自己非常重視的活動，無論如何都要參加。

說不定聚餐的時間和地點，都是老婆的朋友顧慮到她有小孩而特地安排的，老婆也感受到朋友的心意，為了這一天也努力顧好自己和小孩的狀況，做了各種準備。

相信在這件事情上，做老公的也有自己的想法。

如果老婆因為你安排了工作而生氣，你大概會冒出「妳認為我的工作不重要就是了？」、「妳知道我為了這份工作有多努力、多辛苦嗎？」之類的想法。

雖然這是老生常談，但價值觀這種事是因人而異的，即便夫妻也終究是兩個不同的個體。

因此遇到這種狀況時，唯一的解決之道就是彼此都將自己的想法解釋清楚，找出雙方都能接受的共識。

這種時候最重要的，是不要有「當然是工作最重要啊」之類，認為自己的觀點絕對正確的想法。抱持這種態度的話，大概不管怎麼說明，雙方都不會有共識。

世界上沒有一件事情是可以輕易判斷為「好」或「不好」的。

以這個情境來說，只是存在老婆認為「和朋友聚餐很重要」以及老公認為「工作很重要」這兩項事實，並沒有哪一方正確、哪一方不正確。

希望每一對夫妻都能認真溝通對話，找出雙方都願意接受的解決方案。

這樣做就不會踩地雷

家裡的行程也要記在行事曆上。

老婆的地雷12 以為當家庭主婦很輕鬆

老公覺得：「當家庭主婦很輕鬆。」
老婆覺得：「老公在外面工作過很爽。」

「當家庭主婦好輕鬆喔，真好。」、「只要待在家裡陪小孩就好了不是嗎？」

我想應該沒有老公會直接說出這種話吧。但你是否曾經因為存有「家庭主婦＝輕鬆」的成見，說出了「我在外面工作超累的好嗎？」、「這可是我工作賺來的錢耶！」之類的話，結果惹怒老婆？

有「當家庭主婦很輕鬆」這種觀念的男人或許是受到了自己母親的影響。被身為家庭主婦的母親帶大的人，小時候可能常看到母親平日白天在家裡悠閒地看電視，或是和附近鄰居聊天聊得很起勁的樣子吧。也就因此不會有「媽媽好像很辛苦」的印象。

另外，即使到了現在，也還是有人認為「家庭主婦只要在家吃飯睡午覺就好」。即便實際上並非如此，恐怕還是有不少人存在這種先入為主的印象，覺得家庭主婦的生活就是這樣。我的母親就是家庭主婦，其實小時候我也常看到母親鑽進暖桌休息放鬆的模樣。

老婆的話

你看到的有可能只是媽媽日常生活中的一小部分而已。也要等到小孩大到一定年紀了，媽媽才有機會這樣放鬆。小孩剛出生時，照顧小孩的生活或許其實非常辛苦，小孩去學校上學時，媽媽在家裡可能仍舊忙個不停。

那麼，老婆是對於老公認為「家庭主婦＝輕鬆」這種想法中的哪個部分生氣呢？

老婆的怒火中其實**包括了「老公都不了解我的辛苦！」的想法。**

老實說，我自己也曾經因為小時候的印象，而隱約有家庭主婦似乎很輕鬆的想法。

我的老婆是家庭主婦，每天為了家事及照顧三個小孩忙得團團轉，不過平日似乎還是會帶著小孩和其他媽媽聚會，假日時也偶爾會去髮廊或按摩之類的。

尤其當我工作忙碌時，更會羨慕老婆，覺得她至少比我輕鬆。

但在聽了老婆的說法後，我才知道實際上並不是這樣。

例如，和其他媽媽們相約外出時，除了一樣得完成洗衣服、收拾打掃家裡等例行工作，還必須在前一天先把菜買好、趁早上備好晚餐的料等，將家裡的事情都安排妥當。

老婆的話

許多當媽媽的在自己要外出時，都會先把老公和小孩的飯先煮好才出門。而且也有不少人回家後，還得面對一堆待洗的碗盤和在家裡四處散落的物品，心情跌落谷底。因此也會羨慕，覺得：「老公去應酬時，都不用擔心我們吃飯的問題就直接出門了，真好啊。」

除了這樣的例子，相信全天下的老婆們應該還有很多老公所不知道的辛苦之處。

但從男人的角度來看，是不是會有一種「剛好而已」的感覺呢？自己的確無法完全體會老婆的辛勞，但老婆不是也同樣不了解自己工作有多辛苦嗎？

沒錯，理解別人的辛苦其實一件很難的事。老婆覺得老公太小看自己的付出了，老公也同樣覺得老婆對自己的工作有誤解。

那該如何避開這個地雷呢？

首先，要拋開「家庭主婦＝輕鬆」的觀念。如果你和老婆角色對調的話，你有辦法忍受那樣的生活嗎？由於每個人的價值觀不一樣，因此無法一概而論。但老實說，至少我沒有辦法。我覺得自己應該忍受不了生產的恐怖及疼痛，做家事、帶小孩、和其他媽媽的社交等，全都是我做不來的事。而且，就算每天一步一腳印完成這些沉重的工作，在社會上也得不到多大的肯定。

站在老婆的立場思考一下，就會知道老婆的存在有多重要，並心生感激。多虧有老婆，我才能夠在工作上專心打拼。

另外，也不應該有「兼差打工的主婦＝輕鬆」、「錢賺得多的那一方比較了不起」之類的想法。帶著這種觀念所表現出來的言行都會成為地雷。**請身為老公的人了解，家庭主婦的工作是無價的（具有無法用金錢衡量的價值）。**而且實際上也的確如此。

這樣做就不會踩地雷

拋開「家庭主婦＝輕鬆」的觀念。

妳不是整天在家嗎？
有什麼好累的？
是在累什麼？
BEER

老婆的地雷13
在家裡製造各種噪音

☹ 老公不自覺地發出聲音。
☺ 老婆被老公不自覺發出的聲音搞到不耐煩。

關房間門、廁所門的時候超大力！關紗窗也很大聲！走路的時候咚咚咚地有夠吵！椅子非要在地板上拖！而且放屁的聲音也超響！

你在家的時候會像這樣發出各種噪音嗎？

讓人意想不到的是，這其實也是老婆的地雷。

在電車上或安靜的咖啡店裡，有時候也會遇到有事沒事發出一堆聲音，讓旁人感覺不舒服的人。基本上這兩者很相似。

如果要說日常生活中有什麼聲音特別讓人在意的話，印象中可能通常是汽車的噪音或施工的聲音，住公寓或大廈的話則可能是樓上傳來的聲音等自己家裡以外的聲音。但某項調查發現，相較於上述各種聲音，回答「家人或自己在家裡發出的聲音令人困擾」的人其實更多。

製造出噪音的人自己通常沒有察覺，但家人卻可能因此而感覺有壓力。老婆要哄年幼的小孩睡覺已經很辛苦了，所以大概會對老公發出的聲音更為敏感。

避開這個地雷唯一的方法，就是小心注意，不要發出沒有必要的噪音。但是，「設法不要發出太大的聲音」就和「不可以～」、「不准～」一樣都是否定句，似乎會給人一種「被規定」的感覺，這樣很可能令人產生不了動力、無法長久維持。一般在工作上要向下屬或資歷較淺的同事下指示時，基本原則也是要用「肯定句」而非「否定句」。

有事情要告訴小孩時，用肯定句也比較容易傳達。例如，不要說「不可以跑」而是說「用走的」、用「說話小聲一點」代替「不要大聲說話」等等。

和自己對話也是一樣的道理。

因此我建議，告訴自己**「在家裡記得把動作放輕放柔」**，而不是「在家裡設法不要發出太大的聲音」。也就是在做開關門窗、搬動椅子、放東西等各種動作時，盡量把手腳放輕，如此一來聲音自然就會變小。

另外，不是只有老婆會因為家裡的噪音而感覺有壓力。也有不少小孩覺得：「爸爸在家裡發出的聲音好吵，很討厭。」如果到了青春期，對於父親製造出來的聲音應該會更加敏感。不想被小孩討厭的話，請提醒自己在家裡一定要把動作「放輕放柔」。

這樣做就不會踩地雷

提醒自己在家裡要把動作放輕放柔。

第3章

不會帶小孩的老公

老婆的地雷14

第一個小孩出生後，基本上老公的一切行為都是地雷（！）

老婆討厭老公的一切。
老公對於討厭自己的老婆也心生厭惡。

「老婆討厭老公的一切」這樣的說法或許會帶給你很大衝擊。有些人可能好奇，小孩出生不是應該讓人感覺幸福洋溢嗎？

當然，每一個寶寶的出生都是值得祝福的事，也的確會帶來許多幸福。但如果聚焦在夫妻之間的相處上，第一個小孩出生後，夫妻感情不睦的機率其實非常高。現在甚至出現了「產後危機」的說法形容類似狀況，代表這是一個相當普遍的問題。

其實我和老婆在第一個女兒出生後，也有一段時間關係降到了冰點。老婆覺得：「你一點也不了解我的辛苦！」我則是雖然想幫忙帶小孩卻力不從心，因此沮喪不已……。老實說，當時我覺得老婆對我所做的一切都看不順眼。剛出生的女兒明明可愛到不行，我和老婆對於彼此的體諒卻是清楚可見地愈來愈少，因此我在這段時間相當受傷。

這種在第一個小孩出生後出現的夫妻危機其實並不罕見。目白大學短期大學部的小野寺敦子教授針對「成為父母後對夫妻關係帶來的變化」進行的研究指出，「有了小孩之後，夫妻雙方對另一半的親密度都有所下降」。

當然，並不是所有夫妻的親密度都會因為小孩出生而下降。但如果了解到，你和老婆之間的氣氛變差（或過去曾經變差）並非特例，而是夫妻間常有的現象，心裡應該會稍微輕鬆點。

話說回來，身陷產後危機之中時，有一件很令人難受的事，那就是我和老婆都失去了對彼此的信任。當我們因小事發生衝突，老婆就會懷疑我是否不愛她了，我也沒有自信在這種狀況下自己是否還能一直愛著老婆。

當時我們雙方都覺得，造成這種危機的原因出在對方沒有心。老婆認為我對她多些體貼及理解的話，就不會變成這樣；我也覺得老婆如果多體諒我一些的話，事情就不會是這樣了。

😊老婆對於老公太少幫忙顧小孩感到不悅。
☹老公對於老婆的不悅感到失落。

相信也有許多夫妻和我們一樣，在產後出現相處上的問題時，覺得原因出在對方沒有心。最後因為這樣而離婚的夫妻應該也不少。先前提到的研究指出，以下四項因素導致了夫妻間的親密度在生產後下降。

- **老公太少幫忙顧小孩（這會造成老婆對老公的親密度下降）。**
- **小孩是否好顧（老婆如果覺得小孩難顧，對老公的親密度通常會下降）。**

●老婆有無工作（有工作的話，夫妻雙方的親密度都會下降）。

●照顧小孩是否讓老婆感到煩躁（老婆對照顧小孩愈是感到煩躁的話，老公對老婆的親密度愈會下降）。

以上每一項因素都是「狀況」所造成，而不是有沒有用心。

當然，造成夫妻在生產後感情不睦的原因五花八門，有些部分的確與雙方是否用心經營有關。但我認為大多數的例子，都是狀況使得夫妻間的相處出問題，主因是其中一方沒有心的案例並沒有那麼多。

至少，這樣想應該能比較快脫離夫妻關係陷入的危機。這是因為人的心很難改變，但狀況是可以憑自己改變的。針對狀況設法想出解決之道是比較容易的事。

如果你覺得自己現在正處於產後的夫妻危機中，不妨先確認一下，自己的狀況是否符合前面提到的「導致夫妻間親密度下降的四項因素」，或許這會是幫助你脫離危機的轉機。

我認為男女關係很重要的一點是，認知到「愛是需要照顧的」。如果以為彼此之間的愛在結婚時就達到了最高點的話，愛情在日後只會一路走下坡。一旦發生嚴重衝突，往往就會覺得沒有感情了。其實，男女之間的愛如果放著不去維護固然會消磨殆盡，但用心照顧的話也會逐漸茁壯，進而開花結果。像照顧植物那樣每天澆水、偶爾施肥等，花心思投入的話，愛情就不會輕易被磨光。就算遇到颱風來襲颳強風之類的危機，只要再細心照料，通常就能挽救回來。

另外，男女間的感情也是有高低起伏的。

就像一年之中有春夏秋冬等季節，夫妻間的關係也不是永遠不變的，未必都會像春天或夏天那樣溫暖、熱情，有些時候或許就像刺骨的北風吹在身上般。

但也正因為經歷過這種寒冷，所以才會感覺到春天的溫暖。好日子不會一直持續下去，但壞日子同樣會有結束的一天。萬一夫妻相處遇到了危機，也請告訴自己：「現在大概是冬天吧？但不久之後春天應該就會來了。」要相信自己一定能克服冬天的考驗，迎接溫暖的春天到來。

這樣做就不會踩地雷

確認是何種狀況造成夫妻感情出現問題的。

老婆的地雷15

老公完全不會顧小孩

☺ 老婆希望老公多幫忙顧小孩。
☹ 老公覺得就算幫忙了也只會被嫌。

前面提過，我和老婆在第一個女兒出生後曾有一段時間關係降到了冰點。如果要從之前介紹的那項研究列出的原因之中選一項的話，最符合我們家狀況的是「老公太少幫忙顧小孩」。

老婆的話

小孩出生前我不太會叫老公做事，但在女兒出生後，我經常叫他幫女兒洗澡或是換尿布之類的，結果這往往成為了我們吵架的導火線。

老婆會叫我去幫小孩做這做那，或許正代表了她覺得我在幫忙照顧小孩上參與度太低。

如果讓我辯解的話，我會說我之所以那麼少顧小孩是有原因的。

那就是每次我幫忙時，就一定會有地方被老婆嫌。

就拿幫小孩洗澡來說，我因為還不習慣抱小孩，所以十分戒慎恐懼，當我在洗小孩的頭或身體時，在一旁的老婆看了就會說「不是那樣洗啦！」、「不對啦，你要洗仔細一點。」之類的話。

她在一旁看著我的一舉一動，然後用一種上對下的態度指正我。這對男人來說是會很受傷的。雖然現在可以對此一笑置之了，但當時的感覺就像遭到了喜歡職權騷擾的上司欺負一樣。

這樣的事情經歷過好幾次後，一般人就不會覺得：「我下次要更努力！」而是認為：「不管怎麼做都沒用，算了吧。」心生放棄之意（這在心理學上叫作「習得的無助感」）。

於是顧小孩逐漸變成了一樁苦差事，也因而更加令老婆感到不耐。

順便分享，前面提過的目白大學短期大學部小野寺敦子教授的「成為父母後對夫妻關係帶來的變化」研究結果顯示，為人妻者在變成母親後，有嚴格對待另一半的過錯、不肯收回自己說出的話，性格趨於固執的傾向。小孩出生後，你是否有「老婆最近好像變得難相處了」的感覺？這也是常見的情形。

老婆的話

就老婆的立場而言會覺得：「要保護小孩平安成長的話，就應該要這麼強悍！」

老婆對小孩有滿滿的愛。

老公對小孩的愛是從零開始培養。

因為被老婆嫌棄不懂得帶小孩而受到打擊的老公該怎麼辦才好呢？

老實說，唯一的方法大概就只有看開一點，告訴自己：「被罵也只能認了。」

這是因為在小孩剛出生時，老公和老婆對於小孩的愛實在差太多了。

老婆懷胎十月，用自己的身體孕育孩子的生命。寶寶在肚子裡成長的同時，老婆也逐漸變成了母親。老婆是透過自己的身體感受小孩的存在、付出愛情。

但老公在老婆懷孕時，很難真實感受到自己有小孩了。就算看到老婆的肚子變大、透過超音波看到寶寶的模樣，感覺似乎還是跟自己毫不相干。

在小孩出生時，老婆對小孩的愛已經到達了最高點。但對老公而言，自己的小孩是突然間出現在眼前的，因此需要時間培養對小孩的愛。如果老婆對小孩的愛是十分的話，老公大概還停留在零，好一點的話也只有一而已。

另外，老婆在小孩出生前都會透過書籍、雜誌、網路或朋友等吸收育兒相關資訊，因此這方面的知識較為豐富。

而且老婆的育兒技巧通常比較好，因此在對小孩的愛、知識、技巧等方面全都是老婆占了上風。這樣看來，老公在顧小孩時會被老婆嫌棄也很正常。

但是其實只要能如此轉念，就算被老婆罵了，大概也就不太會放在心上。

要是放不下自尊，覺得「別看不起我，我就不信我辦不到！」的話，很容易不小心進入戰鬥模式。但畢竟對方是你完全贏不了的對手，到頭來只會讓你和老婆都不開心罷了。

所以要記住，和顧小孩有關的事就算被老婆罵了也是沒辦法的事。被罵的時候不妨試著自嘲「哎呀，又被罵了——」壓力或許也會小一些。

這樣做就不會踩地雷

顧小孩時做好心理準備，告訴自己：「被老婆罵也是很正常的。」

老婆的地雷16
干涉老婆管教小孩

老婆覺得：「問題很大。」
老公覺得：「不是什麼大不了的事。」

相信大家應該都不喜歡看到別人生氣罵人的樣子，不管這個人是自己老婆還是其他人。

有時如果知道對方生氣的原因，或許還會產生共鳴，覺得「可以了解那種感受」。但若不是這樣，生氣罵人的人發出的負能量則會讓人感覺不舒服。

被罵的一方如果哭了或表現出難過的樣子，往往也會讓人無條件地同情起來。尤其被罵的是自己小孩時，老公大概就會不小心對老婆說：「不用罵這麼兇啦。」

我有時候也會問老婆：「為什麼那麼生氣？」當中其實就帶有「應該不用罵這麼兇吧」的想法。

但是，老公的一句：「不用罵這麼兇啦。」其實有可能是老婆的地雷。老婆對於這句話的怒氣可以分為兩種。

第一種是夫妻價值觀不同而導致的怒氣。

每個人「生氣、罵人」的基準都不一樣，這反映了一個人的價值觀及人生態度。

我認為這種差異在養育小孩時特別容易表現出來。

假設家裡的小小孩和朋友想玩同一件玩具，結果硬是從對方手中搶過來，弄哭了朋友。

有些父母這時候大概會馬上抓自己的小孩來罵：「不可以搶朋友的玩具！」但有的父母可能會靜觀其變，選擇先在一旁觀察小朋友們有何反應。這類父母是希望小孩看到了朋友哭泣之後，自己察覺自己做了不對的事，而不是由父母直接告訴小孩：「不可以拿別人的東西。」

不同價值觀的人在發生狀況時剛好遇到了一起的話，大概有很高的機率出現糾紛。

夫妻之間同樣可能會有價值觀的差異。

就拿我們家來說，我老婆認為：「吃飯時不應該給小孩喝果汁。」但我覺得：「又不是喝很多，吃飯時喝個果汁應該沒關係吧？」我們經常為了這一點起微不足道的衝突。老婆有時也對我偷偷給小孩喝果汁的行為感到不悅。

另外，我們也曾為了要不要早點讓小孩開始學英文搞得相當不愉快。我認為：「應該盡量早點開始學英文。」但老婆的想法是：「應該先學好日文再來學英文。」

這種夫妻間的價值觀或想法差異是有可能讓老婆生氣的。

老婆因為老公說了：「不用罵這麼兇啦。」而生氣的另一個原因，**有可能是背後隱藏著老婆認為「老公都不知道我平常有多辛苦」的不滿。**

絕大多數的老公（包括我在內）就算有在帶小孩，恐怕也只是分攤了照顧小孩所有工作的一小部分而已。

有專家指出，許多老公只有在老婆開口、小孩要求，或是自己行有餘力的時候才會顧小孩，也就是所謂的「被動育兒」。

而老公們即使看到了自己老婆為了顧小孩忙得焦頭爛額的樣子，也只是看到了一小部分的苦戰而已。

對老婆而言，自從小孩出生以來，就不停地在照顧小孩。在老公沒看到的地方，全天下的老婆們想必付出了無數辛勞。

這一點同樣適用在小孩的管教上。例如，老婆可能已經一次又一次告訴小孩：「脫下來的衣服不要亂丟。」但小孩怎麼講就是講不聽。所以有一天老婆終於忍不住了，怒吼：「給我差不多一點！」

但老公並不知道相同的事情老婆之前就提醒過很多了，因此覺得

「幹嘛那麼生氣」。

結果就說出了「不用罵這麼兇啦」這句話。

這時候老婆心裡就有可冒出「你根本什麼都不懂！不知道這件事平常搞得我有多累！你都沒在關心小孩的事！」之類一連串的想法，變成連環爆炸。

那要如何避開這個地雷呢？

如果是第一個原因「價值觀的不同」而產生的地雷，唯一的方法就只有夫妻之間做好溝通了，彼此要確認對方的想法。

不過出人意料的是，育兒這件事其實有很多部分都是靠「感覺」的，父母本身建立的習慣及文化也會帶來影響。

另外，育兒是沒有所謂的「正確答案」的，所以不要單方面逼對方接受自己的想法，夫妻一同面對各種狀況，靈活做出調整才是最重要的。

如果老婆的地雷是因為覺得「老公都不了解自己的辛苦」而爆炸的話，老公能做的，大概就只有盡量去理解老婆的辛勞了。地雷爆炸的時候，也正好是老婆說明自己有多辛苦的時候，就趁此時認真面對老婆，好好聽她說話吧。或許就算這麼做了，也不見得能夠了解，但還是必須持續努力嘗試。

還有一個重點是，自己能做到的事就盡量幫忙。

例如，或許老婆覺得，澆花之類簡單的小事還要一一拜託老公幫忙的話實在太麻煩（老公可能心不甘情不願，或很難叫得動，反而搞得老婆自己不高興），還不如自己做。但老公如果很乾脆地幫忙，沒有任何不悅的話，就算只是簡單的小事，老婆也會覺得你有幫到忙。

老婆的話

沒錯！家事和帶小孩就是各種小事的不斷累積。老公願意幫忙其中一兩樣的話，對我來說就是很大的幫助。

所以當老公的也請記住，不要覺得「只是幫忙一點小事，老婆也不會感激我吧？」就懶得動手。

這樣做就不會踩地雷

持續嘗試理解老婆的辛勞。

第4章

自私的老公

老婆的地雷17
裝出一副自己有在顧小孩的樣子

老公覺得：「我有幫忙顧小孩，超棒的好嗎！」
老婆覺得：「老公一起顧小孩是天經地義的事。」

我對「新好奶爸」這個詞的印象其實不是太好。

這個詞的確改變了男人對於育兒的認知，相信有許多男性因此投入照顧小孩。但與此同時，「新好奶爸」也導致了許多家庭不和。

這個詞的出現，造成許多老婆一下子對老公產生了過高期待，認為「男人也是會積極照顧小孩的」。

各種媒體也將新好奶爸當成了話題，許多藝人或名人都利用「好爸爸」的形象當成自己的一個賣點。另外，對平凡百姓而言，老公是好爸爸是可以拿來炫耀的一件事。

這使得正在照顧幼小孩童的母親們產生了一種新好奶爸隨處可見的錯覺。**但回過頭來看，卻發現自己只有一個不積極參與育兒的老公。就算偶爾會出手幫忙，也完全算不上是新好奶爸。**

如此一來，自然會火大，覺得：「為什麼我家老公都不會主動顧小孩！」內心認為自己老公應該要積極主動育兒的期待與現實之間的落差，使得做老婆的也失去了耐心。

而且老婆們總是會忍不住和別人家做比較，覺得：「〇〇的老公做那麼多，我家老公卻……」

這種狀況對老公和老婆雙方其實都不好受。老公即使有做換尿布之類的小事，也不被老婆放在心上，彼此之間就少了感激與體貼。如果不是因為存在「男人也要顧小孩是天經地義的事」這種期待，原本可以有更多情感交流的。

類似這樣因為「新好奶爸」這個詞造成家庭失和的案例並不罕見。

所以我才會說自己不太喜歡這個詞。

但我也不會因為這樣，就認為男人對育兒可以採取消極的態度。態度積極一點，反而有助於維持婚姻美滿。

老公覺得：「我已經有幫忙了。」

老婆覺得：「夫妻雙方都應該積極照顧小孩。」

回頭來談開頭漫畫中出現的「老婆的地雷」，這講的是老婆不爽老公在外人面前以新好奶爸自居。的確有些老婆會怨嘆，老公只會在社群媒體上表現出一副好爸爸的樣子，現實生活中卻並非如此。

會讓老婆此怨嘆最大的原因，就在於**老公的言行中有一種自己只是「幫忙」照顧小孩的心態。**許多男人都會不自覺表現出老婆是主要照顧小孩的人，自己只是幫忙的態度，正是這種態度最讓老婆感到不爽。

老公這種「我已經很幫忙顧小孩了……」的態度，**對老婆而言卻成了地雷，因為老婆的想法是：「什麼叫幫忙顧小孩？照顧小孩本來就是我們兩個人的事啊！」**

那要怎麼做才能避開這個地雷呢？

首先，和育兒相關的事不要用到「幫忙」這個詞。一旦這樣說，就很容易直接踩到地雷。

另外，就算沒有用到「幫忙」這個詞，但如果隱約表現出了自己是「幫忙」的態度，還是會踩到地雷。所以我建議不妨趁這個機會，讓自己接受「照顧小孩不是誰幫誰，本來就該由夫妻一起照顧」的觀念。畢竟實際上也的確如此。

另外奉勸做老公的，思考一下工作與家庭的平衡，並且和老婆討論育兒相關的角色分配。就算因為工作的關係，老公實際上照顧小孩的時間沒有老婆多，但只要態度積極的話，相信老婆的不滿也會減少一大半。

這樣做就不會踩地雷

不要有自己是「幫忙」顧小孩的心態。

老婆的地雷18

不把小孩放在心上

老公被誤會了。
老婆誤會了。

你有沒有做過類似漫畫中那個老公的行為呢？

如果真的剛好忙不過來的話也就罷了，但這種事情如果一再發生的話，那就得注意了。

據說熟年離婚最常見的原因，就是老公不把育兒、家事放在心上。大概是因為最需要花心思在小孩身上的時期，老公卻對家事或育兒不聞不問，長年的積怨最終讓老婆下定決心離婚吧。

順帶一提，據說女人的恨是「沒有時效」的，就算表面上看起來在笑，內心有可能仍累積著過去的恨。

所以當孩子還小時，對家事、育兒不聞不問的態度尤其是大忌。

但是在育兒這方面，我相信真的對自己的小孩漠不關心的老公實際上應該沒那麼多。

並不是真的不關心小孩，但因為夫妻間溝通不足，而造成老婆有這種想法的老公其實還不少。

我自己家裡就有一段時間是這樣。

老婆的話

我曾經擔心女兒有些地方不夠靈光，不知道有沒有辦法和朋友好好相處，但和老公提起這件事情時，老公卻只是輕描淡寫地回答：「我看女兒好像每天都很快樂，應該沒問題吧？」

老婆當時似乎覺得我應該多用心想一下女兒的事，應該更認真看待她的煩惱。

我當然不是不關心女兒，也不是沒有用心在想女兒的事。當時我如果多和老婆聊一聊，多聽一些她的想法，並且認真解釋我的想法的話，老婆應該就不會那樣想了。也就是夫妻間的溝通不足，會導致夫妻對彼此產生誤解。

如果夫妻雙方沒有「應該主動花時間進行溝通」的想法，那麼溝通就會愈來愈少。

尤其孩子還小的時候剛好與老公工作最忙的時期重疊，老婆也為了帶小孩和家事忙得不可開交，雙方大概很難找到時間坐下來好好說話。有不少家庭都是「夫妻一天的對話時間不到三十分鐘」。

但夫妻之間的溝通不足會導致誤會產生，並且有可能在未來以離婚收場。

文京學院大學人類學系所進行的「夫妻間的溝通對於婚姻生活滿意度造成的影響」研究發現，相較於育兒期，男性在中年期更需要老婆在身邊扮演傾聽者的角色。

另一方面，許多研究也指出，在育兒期由於工作等因素而沒有和老婆、小孩多做溝通，未能建立良好關係的人到了中年才突然想要修補關係的話，是不會順利的。

換句話說，**夫妻多進行溝通不僅能避免彼此產生誤會，對於今後婚姻生活美滿與否，也起了非常重要的作用。**

做老公的要提醒自己，記得主動找時間和老婆溝通。和老婆做好充分的溝通、交流心裡的想法，也有助於避開許多老婆的地雷。

這樣做就不會踩地雷

主動和老婆多進行溝通。

老婆的地雷19 不用心聽別人說話

欸
我跟你說
喔……
我才剛回來耶
有夠累的
這樣這樣這樣
那樣那樣
……
你怎麼想？
咦？
什麼怎麼想？
呆呆
呆
你根本沒在聽嘛！
哇—
踩到了—
轟
轟
地雷

老婆希望：「你現在聽我說話。」

老公希望：「現在先放過我。」

「你為什麼都不聽別人說話？」、「為什麼每次別人說話的時候都心不在焉？」

你也有被老婆這樣指責過嗎？

而且當老婆正在生氣罵你「沒聽別人說話」的時候，你大概也沒有在聽吧（笑）。

這種時候會反駁「我有在聽」的老公並不多，大部分老公都會用「我很累了啊，有什麼辦法？」之類的說詞為自己辯護。

我很懂這種感覺。

工作了一整天（而且有時已經身心俱疲了）回到家，以為終於可以喘口氣的時候，老婆又對著自己喋喋不休……。如果講的是男人覺得不重要的話題，老公就會心想：「我已經很累了，先放過我吧。」但如果老婆講的是很嚴肅的話題，只會讓人感覺更累，一樣希望：「先放過我吧。」

然而，老婆說話時總是左耳進右耳出的話，是無法避開地雷的。

尤其當老婆是家庭主婦，孩子又還小的時候，一天之中有一大半時間是在面對小孩。小孩就算再可愛，也無法像大人一樣和老婆聊天，所以老婆會累積很多壓力。對老婆而言，下班回家的老公很有可能是

「當天唯一和自己說話的大人」。所以也難怪當老公一回到家，有些老婆就開始喋喋不休地說話。

上一單元提到的「夫妻間的溝通對於婚姻生活滿意度造成的影響」研究顯示，對於育兒期的老婆而言，夫妻的對話時間以及開誠布公與否尤其會影響婚姻生活的滿意度。有較多時間與老公對話、能坦率向老公傳達自己心情及想法的老婆，對於婚姻生活的滿意度較高。

這項研究也發現，夫妻的對話時間及開誠布公與否不太會影響老公在育兒期時對婚姻生活的滿意度。

換句話說，就算老公覺得夫妻之間沒有對話也不是什麼大不了的事，老婆卻未必這樣想。或者甚至應該認為，老婆其實需要夫妻溝通的時間、需要機會講自己心裡的想法給老公聽。

不過，老公身為聽眾的忍耐也是有限度的。如果是不需要太用心聽的話題，那倒還在容忍範圍內。但若要老公下班一回到家就聽小孩的教育、婆家或娘家的事、工作的事等嚴肅話題的話，其實很折磨人。所以我都告訴老婆，不要在我一回家時就談論這類話題，至少等我吃完飯或洗完澡，稍微喘口氣後再來聊。

時機的挑選會影響夫妻對話的品質。既然要進行對話，我建議還是在能讓雙方互動更良好的時機進行比較好。

這樣做就不會踩地雷

多花些心思在和老婆對話的時機上。

哇—
踩到了—
你根本沒在
聽嘛！
轟
轟
地雷

老婆的地雷20 一不高興就不說話

吵架時老公覺得自己一定是對的。
吵架時老婆也覺得自己一定是對的。

我在前面提過，「如果不小心踩到地雷了，有時候吵上一架也是有必要的」。不論哪一方，若是都把話悶在心裡而不願意說出真正想法的話，不僅對心理健康不好，也會影響到身體。

吵架是讓夫妻展開對話的良機，也是好好聆聽老婆想法的寶貴機會。這是因為吵完架和好後，是夫妻之間最能敞開心胸說話的時機。

互相發洩情緒、把想說的話都說出來，然後其中一方道歉，哪怕雙方內心的隔閡只消除了一點也好，人在這時都會變得更坦率。吵架分出了「輸贏」之後，便沒有必要繼續堅持自己的主張，所以不用花費多餘精力，事情就能落幕。

但實際上很多人都沒有進入這個階段。原因是有不少老公只要聽到老婆說了讓自己不高興的話，就會沉默、忽視對方或離開現場等，做出類似「逃避」的選擇，而這又會成為老婆的地雷。

夫妻吵架的話，重點在於盡可能快點道歉，不要逃避。道歉，然後創造夫妻對話的機會才是理想的做法。

但夫妻吵架時，雙方都會覺得「自己是對的」、「對方是錯的」，所以講出來的話基本上不會有交集，想道歉也沒那麼簡單。

遇到這種情況時，道歉是有「訣竅」的。

那就是不要針對吵架的主題道歉，而是針對自己的「不對」道歉。

無論是怎樣的吵架，雙方一定都有「不對」的地方。大吼大叫、說出不該說的話、說出傷人的話、打斷對方說話、不好好聽對方說話、對另一方有成見等，以客觀角度來看，老公也好，老婆也好，雙方在吵架時一定會有一些「不對」。

道歉時就先從這一點道歉起，像是「對不起，我太大聲了。」、「我不該先入為主的，對不起。」等等。如果真的找不到自己有哪裡「不對」的話，就說「對不起，惹妳生氣了。」、「對不起，害妳不高興。」也可以。

有時候只要說一句「對不起」，就能瞬間破冰。這正是夫妻冷靜下來對話的好機會。

但也有些道歉反而會造成反效果。

第一種是沒有誠意的道歉。因為懶得再吵下去了，所以先道歉再說；或是完全不覺得自己有錯，只是為了讓事情收場而道歉等，這類道歉反而會激怒對方。

就算道歉了，彼此內心的隔閡卻一點也沒有消除，這樣是無法進行有建設性的對話的。

另一種則是為了堅持自己的主張所做的道歉。

例如，「昨天的事對不起，但也是因為妳那樣說，我才會……」、「抱歉，但我也很受傷啊。」等，雖然嘴巴上說「對不起」，但終究沒有道歉。會說出這種話的人想表達的並非歉意，而是自己的主張。

另外，「我已經為自己的錯道歉了，所以妳也要承認自己有錯」這種附帶條件的道歉也不行。

夫妻其中一方沒有先道歉的話，夫妻關係就會長期惡化。而且有可能為了避免吵架，會漸漸形成雙方都不說出真心話的冷漠關係。

夫妻只要有其中一方先道歉，就算吵架了，也還是能和好，進而建立信任關係，並且以信任為基礎，勇於讓對方知道自己的真心話。這能夠加深彼此對另一半的理解，改善夫妻關係。

所以說「自己有沒有辦法先道歉」是婚姻美滿的關鍵或許也不為過。

許多人都習慣等另一方先道歉，覺得對方先道歉了，自己才願意道歉。

請記住，「對方先道歉，自己才道歉」這種態度會讓狀況被對方控制。一直維持這種態度的話，在婚姻關係中對另一半的影響力會愈來愈小。

先道歉的人其實就贏了。先道歉可以顯示自己寬宏大量，並增加在婚姻關係中的影響力。

下次吵架時，不妨試著先道歉看看。好玩的是，當你這樣做了之後，老婆通常也會向你道歉。比起等待對方道歉，讓自己一直處在心情不好的狀態，先開口道歉輕鬆多了。

這樣做就不會踩地雷

不小心踩到老婆的地雷時要這樣做

吵完架後自己主動道歉。

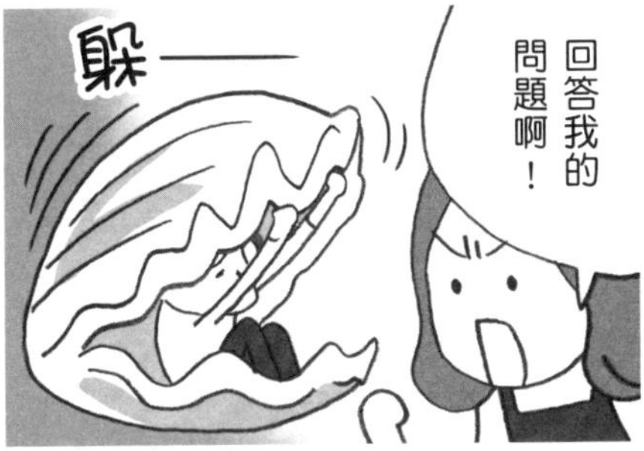
躲——
回答我的問題啊！

老婆的地雷 21

眼裡只有手機

😊老婆覺得老公一直在滑手機。
☹老公覺得自己沒有一直在滑手機。

老婆請老公幫忙簡單的家事，像是把曬好的衣服收進屋內之類，老公雖然應聲說好，卻一直在玩手遊，沒有起身的意思；或者不管老婆說什麼，老公回答時都是隨便敷衍，眼裡只有手機。

這些都有可能是老婆的地雷。

我偶爾也會沉迷於手機，這時在老婆眼裡，我似乎也是「一直在玩手遊」。由於我並不覺得自己「一直在玩」，所以或許我也在不知不覺間踩到了老婆的地雷。

話說「眼裡只有手機」這個地雷，感覺很像是近來才出現的，但其實這一類「地雷」從以前就有了。

「全家一起吃早餐時，爸爸專心地看著報紙，不管媽媽說什麼都充耳不聞。小孩則盯著電視目不轉睛，讓媽媽很不開心。」——這是許多家庭早上常見的景象。過去的報紙、漫畫、電視等，現在不過是換成了手機。

畢竟人在休息的時候不只是身體，連頭腦也會不想運作，因此就會選擇不用動腦的滑手機來放鬆。就像喜歡看電視的人會打開電視來看，喜歡看漫畫的人會拿漫畫出來看一樣。看報紙這件事在現在雖然給人「吸收知識」的印象，但對以前的人而言，看報紙只是一種娛樂，感覺大概就像我們現在看網路新聞一樣。

換句話說，在早上出門上班前，頭腦還沒完全清醒過來的時候，或是下班後回家放鬆的時間拿資訊媒介來看，是男人在很久以前就會做的事。

但如果因為這樣就一天到晚老盯著手機，肯定會讓老婆的地雷爆炸。老婆生氣的背後，隱藏著「（我在這裡忙個不停）為什麼你卻可以悠閒地用手機？」、「有空看手機的話，還不如幫我做一下家事」等想法。另外，老婆生氣的對象通常不只是「當下正在滑手機的老公」，而是「一天到晚滑手機，現在也一樣在滑的老公」，連過去的行為也算在一起。一次兩次的話或許還能容忍，但如果老公一而再、再而三地做出老婆不喜歡的行為，那老婆當然會生氣。「我在忙，你卻在滑手機」這種事就算頭一兩次不計較，次數多起來的話就忍無可忍了。

老婆的話

而且有些女人生氣的是全家人一起出門或出去吃飯時，老公的眼裡還是只有手機。原本是為了大家一起玩、一起聊天才出門的，老公這樣自然會令老婆大失所望。

不想在這種時候踩到老婆地雷的話，最上策就是無論如何先放下手機，滿足老婆的需求。如果老婆正在忙的話就去幫忙，若是感覺到老婆發出「不是應該全家同樂嗎！」的氣息，就把注意力放在家人，而不是手機上面。

老公習慣獨自排解壓力。
老婆喜歡找人一起排解壓力。

但是我並不建議男人戒掉滑手機這件事。這是因為滑手機的時候對許多男人而言，是重要的休息時間。沉浸在手機的世界中這種獨自一人默默面對某樣東西的時刻，能讓男人在不知不覺間排解壓力。除了滑手機，看電影、看書、動手弄一弄自己的愛車或自行車、獨自去喝酒等也有相同的效果，方法因人而異。不少男性都會像這樣「把自己關在地窖裡」一般，藉由靜靜面對某樣東西消除內心與身體的疲勞。

至於女性則大多習慣和朋友聊天、逛街買東西等，透過向外發散情緒的方式排解壓力。或許是這種差異更加深了老婆「老公滑手機＝不好」的想法。就算看起來像在放空，男人也有可能是在思索今後的工作安排、整理出該做的事情、擬訂達成長期目標所需的策略等，並非無意義地浪費時間。

因此，雖然說留一些時間給自己滑手機比較好，但一直在忙個不停的老婆面前滑手機，可是會踩到地雷的。避開這種地雷的方法之一，就是請老婆理解前面提到的這些男人的特性。另一個方法（不過我並不是很推薦）則是不要在家裡，去外面找時間休息。下班後不要直接回家，找間咖啡店或速食店，在那邊放空。在這些地方就不需顧慮旁人，可以光明正大地用手機。想要盡情玩遊戲或看自己喜歡的網站都不是問題。

老婆的話

可是，應該有很多老婆會覺得：「有那個時間的話，還不如早點回來幫小孩洗澡，或幫我哄小孩睡覺！」

沒錯，要是太明目張膽在外面找時間休息的話，又會踩到別的地雷，所以在外面休息還是低調一點比較好。

這樣做就不會踩地雷

在家裡以外的地方滑手機休息放空。

老婆的地雷22
出去吃飯時不替其他人著想

老公以自己的喜好為優先。
老婆以家人的喜好為優先。

假日去外面吃飯，或者外出旅遊在飯店吃自助式餐點時，你的腳邊可能都埋有老婆的地雷。

這是有小孩的夫妻，還且是小孩年紀還小時特有的地雷。有不少老婆都因為在外面吃飯時，老公似乎完全沒有替其他人著想而生氣。

老婆的話

在外面吃飯的話，小小孩能吃的東西其實很有限。不能吃辣的、酸的、苦的東西，而且也不能太硬。另外還得考量「不要吃感覺不健康的東西」、「要顧到營養」、「最好是吃得飽的」等因素，再加上小孩的喜好，實在沒有太多選擇。應該很多媽媽覺得讓小孩自己吃一份的話會吃不完，所以只能把自己吃的分給小孩。

許多做老婆的都會有這樣的想法。

但不少老公卻沒在管老婆所做的各種考量，基本上只在意自己想吃什麼，用一副無所謂的樣子（其實並沒有惡意）挑選超辣的食物或帶有酸味、苦味的「大人的料理」。只是一次兩次的話倒也罷了，但每次出去吃飯時都這樣的話，就難怪老婆會發火了。

男人點自己喜歡的東西來吃這種行為是沒有惡意的，也不代表男人凡事都只想到自己。

應該說，男人的感測器很難對距離自己很近的事物起反應，所以也不會有「只想到自己」的自覺。

女性會把目光放在小孩或老公等身邊的人身上，而男性的目光往往看得更廣、更遠，簡單來說，就是通常把目光放在社會上。許多在社會上有傑出貢獻的男性由於過度投入事業，沒有什麼時間與家人相處，到頭來反而忽視了最親近的人。**沒錯，男人對於身旁的老婆或小孩的狀況就是如此遲鈍。**

另外，外出旅遊在飯店吃自助式餐點也有可能會踩到老婆的地雷。

自助式的設計雖然能讓人盡情吃自己喜歡吃的東西，但一手拿盤子，一手夾菜就等於沒有手可以做別的事了。如果帶著小小孩的話，這會是非常麻煩的一件事。

當老婆還在手忙腳亂的時候，老公卻可以不受打擾地拿自己喜歡吃的東西，而且早早回到座位上悠閒享用，這自然會讓老婆不爽。

那要怎麼做才不會踩到這個地雷呢？

要求對於近距離的事物不敏銳的男人「多用點心」，幾乎是不可能的任務。這種事如果能輕鬆做到的話，大概超過一半常見的男女問題都有辦法解決了。

不擅長體察他人心情的男性將自己的行為建立一套SOP或許會比較好。也就是自己在心裡先決定好，遇到某種特定狀況時該如何行動。

我們家去自助式餐廳吃飯時，都會先拿給小孩吃的食物，再來是老婆要吃的。老婆去拿她要吃的東西時，我就和孩子們在座位上等她（小孩有時也會忍不住先偷吃）。等到老婆回來後，才輪到我去拿。

當然，我們家並不是一開始就是這樣，在還只有一個小孩的時候，我也不會管老婆和小孩怎樣，只顧著拿自己想吃的東西。在踩到了老婆的地雷後，我開始覺得：「難得出來吃飯，要讓大家都開心。」於是不知不覺建立了這套規矩。

不過，這樣的規矩對其他家庭而言未必是最好的，大家不妨依自己家裡的需求量身打造出最適合的一套做法。

我自己還訂了一些其他的規矩。其中一條就是回家前打電話確認需不需要買什麼東西回去。

家裡牛奶喝完了、幫小孩做便當要用的沙拉油沒了、面紙用完了之類的狀況相當常見，這樣做可以幫老婆不少忙。

我認識的一位編輯也提過，自己家人有特別喜歡吃的米和奶油，他會隨時確認這兩樣東西還剩多少，並主動訂購。

特地訂出規矩看起來好像是一件很麻煩的事。但對於不懂得察言觀色的男人而言，相較於每次推測老婆或小孩的心情，照著自己訂好的規則執行應該要輕鬆簡單多了。

而且這種規矩也不會永遠持續下去，大多只存在於小孩年紀還小的時候，是有期限的，需要遵守規矩的情況或許遠遠少於你的想像。

這樣做就不會踩地雷

訂出自己方便執行的規矩。

老婆的地雷23 飯菜煮好了還不趕快上餐桌

老婆希望老公馬上放下手邊的事來吃飯。

老公沒辦法馬上放下手邊的事。

媽媽已經喊「吃飯囉！」卻還是毫無反應，只顧著打電動或看電視，結果被媽媽趕上餐桌……。

大家小時候應該都有這樣的經驗吧？

這裡要介紹的地雷，可以說就只是換了一個人在生氣而已。

這也代表許多男人從小到大其實一直踩到相同的地雷。

就算聽到有人在喊「飯煮好囉！」但因為眼前正在專注進行的事無法馬上停下來，所以遲遲沒有上餐桌。於是老婆（過去是媽媽）便會不高興，覺得：「特地幫你煮了飯，為什麼還不來吃？」

導致這種狀況的其中一項原因，似乎和男女腦部的差異有關。

賓州大學佩雷爾曼醫學院的研究團隊在二〇一三年發表的研究結果指出，女性右腦與左腦的連結性較高，男性則是連接腦部前後（右腦的話為右腦內的前後，左腦的話則是左腦內的前後）的神經傳遞較多。

根據這項研究結果，一般認為女性（由於右腦與左腦的連結性較高）較為擅長體察他人的心情，因此做老婆的會覺得：「大家一定已經餓了，我要趕快準備晚餐。」並付諸行動。

當晚餐煮好後，老婆也會希望大家可以趁熱吃，於是便催促家人趕快上餐桌。

但老公（由於腦部的左右連結較弱）則幾乎不具備體察「老婆希望讓我吃到熱騰騰的飯菜」這種想法的能力，而且一旦專注在某件事情上，就有可能聽不見老婆的呼喊，無法立即照老婆的意思行動。

就男人的立場而言，這些行為完全沒有惡意，也不是故意忽視老婆的聲音，通常是真的沒有聽見。

踩到這個地雷的另一個原因，是男人有一種麻煩的特性。

那就是**男人正專注於某件事情時，會很難中途離開。**

無論是工作、念書，或是打電動、上網、看電視、看書等，只要心思集中在一件事情上，就往往停不下來。也就是對於離開自己專注的事物感到抗拒。

舉例來說，開車的時候會一口氣開很長的距離直達目的地，中間不停下來休息（＝討厭開車因為休息而被打斷）；或是工作進行得正順時，無論加班到多晚都一定要做到一個段落才甘願。

而且如果暫時中斷了，再重新開始做同一件事會需要花上一段時間。工作做到一半暫停，去吃飯或休息之後再回來繼續做，此時內心會產生抗拒，需要一段時間調整心情、專注精神。正因為這樣，許多男人都不喜歡被打斷。

那麼，該如何避開這個地雷呢？

首先，如果是有重要的工作之類，實在不希望被打斷的事，我建議先和老婆講清楚。而且要記得說明：「被打斷之後要再重新進入狀況的話很花時間和心力，會讓我失去幹勁。」另外也可以說好請其他家人先吃，不用等自己。

如果正在做的事情不太重要的話，我建議當老婆喊了，就趕快上餐桌。萬一老婆的地雷爆炸了，只會讓你更慢回去做原本在做的事。

這樣做就不會踩地雷

不想被打斷的話，要事先告知老婆。

老婆的地雷24 躺在客廳地板或沙發上睡覺

在那裡睡
小心感冒喔
嗯
哈啾
糟糕，
好像感冒了
我不是說過了嗎
馬麻
應該是被把拔
傳染了吧
我兒子發燒了，我今天
要請假在家照顧他
臨時請假真的
很抱歉！
可惡！
是誰害的啊！
火大—！

☹ 老公喜歡在沙發上睡覺的感覺。

☺ 老婆討厭老公在沙發上睡覺。

下班回到家後，在客廳的沙發直接躺下或鑽進暖桌裡，然後頭腦放空沉沉睡去……。這個過程實在讓人難以抗拒，可說是無比幸福的時刻。

但這種行為經常變成老婆的地雷。

老婆的話

尤其是躺上沙發後，就這樣直接睡到隔天早上的行為，應該會讓很多老婆不開心。

原因五花八門，像是睡著了還一直開著燈，很浪費電；或是因此著涼感冒所造成的困擾（老公感冒了會傳染給小孩↓小孩受無妄之災，自己還得負責照顧）、沙發會有汗臭味、好好在床上睡覺比較能消除疲勞、害老婆沒辦法坐在沙發上悠閒看電視等。

不想踩到這個地雷的話，不要躺在客廳地板或沙發上，馬上進臥室睡覺是最直接的方法。但相信有些人應該很捨不得放棄這幸福的時刻，覺得每天卯足全力工作，為的就是可以在下班回家後隨心所欲地放鬆。

那這個問題該如何解決呢？

其實這件事在某些夫妻之間完全不構成問題，因為老婆一點也不在意老公睡在客廳地板或沙發上。有些老婆還覺得老公去睡沙發的話，自己和小孩在床上反而睡得更舒服。

☹ **老公覺得在沙發上睡到隔天早上也無妨。**

☺ **老婆覺得沙發不是讓人睡一整晚的地方。**

換句話說，這個問題是因為老公和老婆的「信念」不同所引起的。

每個人都有「應該這樣」、「這件事就應該這樣做」等不計其數的信念。

這些信念大部分都是受到成長環境及教育的影響形成的，因此並沒有哪一個才是「正確答案」這種事。但抱持信念的人會認為自己的信念是正確的，難以接受與其相左的觀念。

夫妻之間經常發生這種信念的衝突。從浴巾要怎麼用這種雞毛蒜皮的小事，到子女的教育等重大問題，各種原因都有。

例如，洗完澡用來擦身體的浴巾是要全家共用一條，還是每個人各自用一條這件事，不同家庭就有不同的做法。若夫妻其中一方是在「全家共用一條」的家庭長大，另一方則是在「每個人各自有一條」的家庭長大的話，這樣說或許有點誇張，但就得決定「那我們今後該怎麼做」。

老婆會因為老公在沙發上睡覺，就代表老婆的信念是「睡覺就應該在床上睡」、「在沙發上睡一整晚是沒規矩的人才會做的事」。會這樣做的老公則沒有這種信念，而是覺得「在沙發上睡覺又不會造成誰的困擾」。

這種信念的差異便造成了夫妻的對立。

消除這種對立唯一的方法，大概就只有夫妻雙方持續、耐心地向另一半表達自己的想法及心情了。**連改變自己的信念都不是一件容易的事，所以叫老婆放棄她的想法幾乎是毫無意義的。**

除了理解彼此的信念確實存在差異，然後從中尋求折衷之道以外，似乎也沒有更好的方法了。

或許有些地方彼此都不願意妥協，但只要持之以恆，不放棄對話，相信還是能在雙方都的容忍範圍內取得一定程度共識的。

一個人所抱持的信念有時會在意想不到的地方顯露出來。就算是已經相處幾十年的夫妻，有時也會遇到「咦？」、「妳這樣覺得喔？」、

「原來你是這樣想的啊？」之類，對另一半的想法感到訝異的狀況。

所以每當遇到問題時，夫妻就必須進行磨合。原本是獨立個體的兩個人只要還是夫妻，這樣的情況或許就會一直發生。

正因為彼此有不同之處，所以才會有新的發現、因此產生趣味，並讓彼此的人生更多采多姿。

這樣做就不會踩地雷

夫妻雙方坐下來談，找出彼此都能接受的方案。

第5章

不了解老婆感受的老公

老婆的地雷 25

給出來的建議完全離題

老公要的是先找出解決方案。
老婆要的是同理心。

當老婆訴說煩惱時，老公打算給建議，沒想到老婆聽了之後卻勃然大怒。你也遇過類似的狀況嗎？

從老公的角度來看，或許會覺得自己不過是提出方法解決老婆的問題（而且自己毫無惡意），搞不懂老婆為何生氣。

這是因為老婆的期待和現實間存在落差。

這種時候老婆只是希望老公給予同理心。「明明都約好了，朋友又跟我臨時取消！」老婆這樣說時，應該要回「是喔？好慘喔。」、「又來！這樣真的會火大耶。」之類表示感同身受的話。

絕對不能給「妳事前應該要再確認一次的」之類的建議。男人可能會想告訴老婆這種自認為中肯的建議，但這不是老婆需要的。

老公和老婆會出現這樣的摩擦，原因在於男女之間的差異。

男人一心只想著解決問題。只要遇到了問題，腦袋就會高速運轉，將書上或網路上看來的知識、父母或前輩給的建議等全部翻出來，並對照自己過去的經驗，找出解決方案。如果眼前正好有人感到困擾的話，會認真地覺得自己提供解決方案是為了對方好。

但**相較於解決問題，女人其實更想要情感上的同理**。發生事情時，女人會希望對方先同理自己遇到的狀況及感受，思考具體的解決方案是之後的事。甚至有不少例子是只要有人對自己的狀況付出充分的同理心，問題幾乎就解決了一半以上，就算沒有得到什麼建議，也能靠自己擺平狀況。

☹老公習慣整理好想法再發言。
☺老婆習慣邊說邊整理想法。

另外一個差異是，許多男人習慣先整理好自己的想法再開口說話，女人則通常習慣邊說話邊整理自己的想法。

例如，女人有煩惱的話會找人訴說，在對方傾聽、付出同理心的過程中，逐漸明白自己該怎麼做。也就是在自己說話的同時，一面整理自己的想法，了解到「喔，原來我以前是這樣想的。」、「雖然我的想法是這樣，但其他做法或許也可以」、「之後就那樣做吧！」等等。

如此一來，相信你也知道身為老公該怎麼做了。

老婆吐露自己的煩惱時，老公首先要做的是發揮同理心。

不過話說回來，每一次都能真正做到感同身受恐怕也不容易，這時候就該好好聽老婆說話。要當個好的聽眾，必須留意以下兩點。

重點❶ 用「對啊」、「就是說啊」表達自己的認同

在二〇一八年平昌冬奧獲得銅牌的日本女子冰壺代表隊選手，由於在比賽中不斷對彼此說「對啊」而引起了熱烈討論。

我們之所以覺得選手們的「對啊」聽起來很舒服，是因為這是一句對他人的意見、想法表達肯定的話。如果聽到別人直接對自己這樣說，會覺得自己的想法得到了認同，感覺更棒。

連「對啊」都說不出來的時候，也可以改說「就是說啊」、「原來啊」之類的話。即使不是完全的肯定，但也沒有做出否定，因此不會讓聽的人不高興。

老婆的話

就我自己的經驗來說，女生之間聊天常會用「咦──！是喔？」這種好像感到很驚訝的方式說話。這是在表達聽到對方分享的內容，妳自己也嚇了一跳，覺得「原來有這種事啊！」對方聽了就會感覺妳有付出同理心。

重點❷ 不要打斷對方說話

一般在工作上，都會把陳述事情要先從結論講起當成最基本的原則。或許有的人還被公司或主管要求過「工作上的事情講重點就好」，也就是說話要講求效率。

很多女性並不喜歡把工作上的規矩帶進家裡。

所以老婆在說話時，絕對不可以中途打斷，問她「所以妳到底想說什麼？」、「結論是什麼？」之類的問題。

重點就是即使你覺得老婆太囉嗦、感到不耐煩，也要讓老婆盡情講下去，到她高興為止。

這樣做就不會踩地雷

老婆說的事情就用「對啊」來回應。

老婆的地雷26

對於錢的事情斤斤計較（簡單來說就是吝嗇）

連零頭也要算
之前幫妳墊的2031圓要趕快還我喔
檢查在超市買的東西
咦？國產的？
澳洲的比較便宜吧
這個真的需要嗎？
超市
什麼事情都要管
沒有很常穿吧
不是已經有一樣的衣服了嗎？
上網買比較便宜啦
……
結婚前明明很大方的
那些都成泡影了嗎…

😞老公認為這叫「節省」。
😊老婆認為這叫「吝嗇」。

夫妻之間因為錢而吵架這種事還滿常見的。

那麼具體來說，錢的事情在什麼情況下會變成「老婆的地雷」呢？

老婆的話

以前我聽過其他太太抱怨自己老公認為：「電鍋一直維持在保溫太浪費電，應該在我下班回家以後趕快煮飯才對。」對於老公如此吝嗇感到很哀怨。有的老公則是會一一檢查老婆在超市買的東西的價格，甚至有老公連買小孩用品都心不甘情不願的。

你對這種行為有何感想呢？

我認為有些地方的確是過火了，但也對某些部分能夠理解。

例如，全家去外面吃飯時，我有時候會覺得老婆點太多東西了。但以老婆的角度來看則是「因為還要點小孩可以吃的，就不小心點了一堆東西」，最後卻常常吃不完，我會認為這樣不僅浪費食物也浪費錢，希望不要有無謂的花費。

而且，無謂地花費金錢，會讓我有一種自己的工作好像不被當成一回事的感覺。我們家目前的家計幾乎百分之百都是靠我工作的收入撐起來的。當然，我能夠專心打拼工作，是因為有老婆的支持，所以我賺來的錢其實也包括了老婆負責各項家務的對價。

話雖如此，賺來的錢如果不加節制隨意花用，我會覺得自己工作的價值似乎被貶低了。

也因為這樣，出去吃飯時我會問老婆：「點這麼多真的吃得完嗎？」或是問想要買電動自行車的老婆：「妳真的有機會騎嗎？」再三跟她確認。如果只看這個片段的話，我一定也會被歸類為「吝嗇的老公」吧。

因此，也許老公乍看之下表現得很吝嗇，但實際上有可能是老公有自己的一套金錢觀，認知到這一點的話，就不會輕易認定老公是個吝嗇的人了。

那被老婆認為吝嗇，踩到了老婆地雷的老公又該怎麼辦呢？

最重要的，就是夫妻兩人認真面對金錢這個話題，好好討論家中的

用錢。

夫妻誠實面對彼此談論金錢問題，是需要相當多能量的。這是因為談到錢會觸及許多人的痛處。

例如，覺得自己賺得不夠多的人，就得正視自己的現狀。覺得家庭收支沒做好管理的人，會因為這一點被攤開來而感到自責。

另外，父母過去曾因金錢爭吵，或小時候父母不願買想要的東西給自己之類，有金錢相關負面經驗的人會在此時回憶起那些過往。而且夫妻會需要認真談論金錢話題，通常是因為遇到了不愉快的狀況。

由此可知，夫妻要一同面對金錢問題是相當困難的，但即便如此，面對的好處還是大過不面對。重點在於夫妻兩人一起面對。有些人會說：「家裡的開銷我一律交給老婆處理。」但全丟給某一方承擔其實不是好事。

夫妻自己坐下來談如果有困難，也可以尋求他人幫助。像是找理財顧問諮詢的話，對方應該會詢問各種問題。尋找答案的過程，正好可以讓夫妻一同思考金錢相關的問題。

另一個方法是夫妻一起參加理財講座，藉此機會共同檢視家庭收支，並確認彼此的想法及感受。

夫妻若是能互相分享自己的金錢觀，就算老公說了什麼容易給人「吝嗇」觀感的話，相信老婆也不會輕易做出「老公很吝嗇」的解讀，這樣便減少了一個老婆的地雷。

但我想有些人應該是因為覺得老婆太過浪費，所以忍不住做出計較金錢的發言。

這種時候，老公要做的不是責怪老婆浪費，而是必須思考「老婆用錢的動機」。老婆有可能是為了填補老公沒空陪自己的寂寞而購物；或者是有其他的壓力，因此藉由花錢發洩。沒有解決問題根源的話，就只會深陷「老婆浪費」→「老公責怪老婆」→「老婆給老公貼上吝嗇的標籤」→「踩到老婆的地雷」這種惡性循環。

這樣做就不會踩地雷

夫妻一同認真面對金錢問題。

沒有很常穿吧
不是已經有一樣的衣服了嗎？
上網買比較便宜啦
……

老婆的地雷27
在別人面前貶低老婆

☹老公想獲得社會肯定。
☺老婆想獲得身邊的人肯定。

你有沒有做過類似漫畫中的老公所做的事呢？

這種場合必須要注意一點，那就是即便說的人「只是開個小玩笑」、「順著當下的氣氛」，但卻有可能讓被說的那個人十分受傷。

就算是長年一起生活的夫妻這種親密的對象也一樣。

話語的意思不是取決於說的人，而是取決於聽的人如何解讀。

如果忘了這一點，就有可能踩到了老婆的地雷還毫無自覺。

只是「順著當下的氣氛」說出來的話，為何會令老婆如此在意？接下來將深入分析。

先前介紹過的目白大學短期大學部小野寺敦子教授曾發表另一篇名為《為人父母後產生的自我概念變化》的論文，當中提到男人有了小孩後，內心的「身為社會一份子的自己」、「身為老公的自己」、「身為父親的自己」之中，「身為社會一份子的自己」的比重會變高。相對於此，女人則是「身為母親的自己」的比重變高。

因此可以說，老公更在意的是身為社會一份子的自己，老婆更在意的則是身為母親的自己。

基本上，每個人都希望得到他人的認同。

在意自己身為社會一份子的老公，想必很希望這個部分能獲得肯定。在這種情況下，老公最希望的，是得到公司主管、同事、客戶或生意往來對象之類的人稱讚。簡單來說就是想獲得社會肯定。

至於在意母親這個身分的老婆，想必是希望自己身為母親的部分能獲得肯定。在這種情況下，老婆最希望的，是得到老公、父母、朋友、街坊鄰居等身邊的人稱讚。

也就是老公想獲得社會肯定，老婆則是想獲得身邊的人肯定。

話題回到老公貶低自己的老婆這件事上。這種老公大多是對朋友或父母等自己親近的人貶低老婆，通常發生在父母來自己家裡或朋友聚會之類的場合。或許老公會說自己「只是開個小玩笑」、「沒有惡意」等，但對老婆而言，自己想要的正是這些人的稱讚，老公卻在他們面前說出有損自己評價的話。而且說不定其實老婆最希望的，就是得到老公的稱讚。

因此老婆無法把這些話當成「小玩笑」而不放在心上，就算老公說自己沒有惡意也只會造成反效果，於是地雷就爆炸了。

要避開這個地雷的方法很簡單，就是**即便是開玩笑，也不要在他人面前說出有損老婆形象的話。**

另外，「拙荊」、「賤內」這種貶低自己老婆的傳統稱呼，也不應該拿出來用。

這樣做就不會踩地雷

不要在別人面前說老婆壞話。

老婆的地雷28

送令人傻眼的禮物

這跟我喜歡的款式
不太一樣耶
一定好看啦！
送妳掃地機器人喔
嗶嗶
高興是高興，但我比較
希望用一般的家用支出
買……
這是開玩笑嗎？
是開玩笑吧？
家事幫忙券？
隨時都可以用！
家事幫忙券
真希望這只是玩笑
該慶幸他至少有記得
我的生日嗎……
以前送的禮物
明明很棒的……
我真的該這樣
就滿足嗎？

老公覺得：「送這個準沒錯！」
老婆覺得：「怎麼送這個啊……」

你有遇過這種狀況嗎？特地準備禮物送給老婆，老婆卻沒有特別開心。也就是你送的禮物不是老婆想要的，讓她失望了。

我有個朋友送了老婆一台洗衣機當生日禮物。這是他老婆一直很想要的東西，因此我朋友覺得送這個準沒錯，實際上老婆也的確很開心。但在幾年後，朋友的老婆卻表示：「送這種禮物代表你不把我當女人看。」令他大吃一驚，不解老婆當時明明很開心，為何現在卻說出這種話。

我自己曾在去國外出差時，不知該買什麼回去給老婆，於是詢問身邊的女性同事，得到的建議是廚房便利用品，便買了回去當伴手禮。當時老婆看起來是滿開心的，但等到我事後再問，她卻告訴我那是她收過最失望的禮物。

送禮這件事實在是很大的學問。但如果要說這是「老婆的地雷」，對男人而言未免也太無奈。雖然最終結果是收到禮物的人沒有開心的感覺，但男人並非一開始就有意這樣做。

不過，要是每次送的禮物都沒達到效果，一次次看到老婆失望的表情，也會令男人退縮。甚至可能會有人覺得：「啊——，我再也不要送禮物給老婆了！」一直在負面的想法中打轉。

不想陷入這種困境的話，倒不如反其道而行，無論是生日之類值得紀念的日子，或是沒有特殊意義的平日，三不五時買禮物給老婆。如果以為老婆會很開心，結果卻不如預期的話，唯一能做的，就是從中記取教訓。

像是我送洗衣機給老婆的那個朋友，就是因為聽到老婆說：「我覺得你不把我當女人看。」才總算搞懂了老婆的想法。

我有一位女性朋友則提過，有一次她老公出差時竟然是撿了一顆石頭帶回來給她。她在收到石頭的當下，不禁哀怨地說：「石頭？」但其實這也無妨。其中一方願意老實表達自己的想法，這樣才能夠創造夫妻間的交流。

順帶一提，我那位女性朋友後來才知道，她老公送的石頭只有在日本的伊豆七島和義大利的西西里島等少數地方才看得到，在了解老公為何想要送那種石頭給自己之後，似乎就能接受了。

換句話說，讓人傻眼的禮物也未必都是不好的。這其實也是了解彼此喜好、品味、價值觀、想法等的好機會。

更進一步說，最好認知到，根本就沒有可以永遠讓老婆開心的禮物。畢竟老公和老婆是兩個獨立的個體，喜好和價值觀都不同。

但重要的是不要放棄，在「基本上，老婆和我是不一樣的」這個前提下，不斷摸索該送怎樣的禮物、從中吸取經驗。雖然這樣還是有可能失敗，但相信也會讓你學到更多。

另外分享一下，我問老婆我送過她的禮物之中，最讓她高興的是哪一樣，她回答是我去國外出差時買回來的名牌包包。老婆當時並沒有要求我買，因此我買來送她等於是給了她一個驚喜。在那之後的下一次出差我買給她的是廚房便利用品，相形之下就更加令她失望了。希望這個經驗能幫助到你。

這樣做就不會踩地雷

就算沒成功讓老婆開心，還是要不斷買禮物送她。

老婆的地雷29

把媽媽看得比老婆重要

老公覺得媽媽和老婆都重要。
老婆希望老公把自己看得比媽媽重要。

這個地雷和其他的不同，當事人不是只有老公和老婆，還多了一個自己（老公）的媽媽，所以相當麻煩。

這種牽涉到媽媽的地雷，具體來說有哪些狀況呢？

例如，孩子還小的話，去外面吃飯老婆得花許多心思。

如果孩子還不會坐，就得考量嬰兒車能不能進到店內，或有沒有榻榻米式的座位；另外也會擔心有沒有地方可以換尿布。吃晚餐的話也會希望時間最好不要太晚。

和婆婆吃飯時，這些細節一樣得要注意。但婆婆卻不把這些事放在心上，只想去自己喜歡（明顯不適合小小孩去）的餐廳。而且還嫌太早去吃的話肚子根本還不餓，要求安排晚一點的時間，老公也對婆婆的要求百依百順，因此讓不少老婆對自己老公一肚子火。

老婆的話

我聽過有人分享，婆婆原本預計週末要來家裡，但因為自己身體突然不舒服，於是拜託老公問婆婆能不能改成下週再來，但老公卻回道：「現在才說太突然了……，而且我媽應該很期待來家裡的。」聽到老公這樣說不禁覺得悲哀，難道媽媽的心情比老婆的身體還重要嗎？

面對這類地雷，或許有人會質疑「幹嘛那麼生氣？」但請先理解「這種狀況有可能變成老婆的地雷」這件事。

婆媳關係有千千萬萬種，有的婆媳幾乎是水火不容，但也有些婆媳的感情好到不可思議（雖然我覺得應該很少）。最普遍的，或許是「不是特別差也不是特別好，大概還可以」的婆媳關係。

這邊要特別討論的，就是這種（在老公看來）和婆婆的關係大概還可以的老婆。

原因是，男人的敏感度幾乎等於零，如果覺得老婆和自己媽媽的關係還可以的話，那就代表這個男人感覺不到老婆因為自己媽媽而承受的壓力。

基本上可以說，就算老婆和自己的媽媽看起來相處得很好，但其實或多或少也還是有壓力。

畢竟，人只要和觀念跟自己不一樣的人在一起，就會感覺有壓力。人在可以做自己、展現自己最自然的一面時是最輕鬆的。如果和觀念不一樣的人在一起，(尤其是覺得對方重要的話)就會想要配合對方。不配合對方的話，又感覺像是自己在否定對方，所以只好勉強自己配合。

但婆婆和自己的兒子，也就是老公共通的觀念比較多，所以老公和自己媽媽在一起時不太會感覺到壓力，就更難體會老婆的壓力了。

所以，老公要在「老婆和自己媽媽相處時，不太可能沒有壓力」的前提下多替老婆著想。

老公覺得：「我媽煮的菜果然好吃。」
老婆覺得：「我煮的也不差。」

另外要注意的一點，是不要拿老婆和自己媽媽做比較。

難得回家一次，吃到自己媽媽煮的菜時，不禁深深覺得「真好吃」，你有過這樣的經驗嗎？

媽媽煮的菜，可說是每個家庭「刻在心裡的味道」，有別的地方吃不到的美味。

結婚以後吃老婆煮的菜，或許會覺得跟「媽媽的味道」吃起來不一樣。像是媽媽做的煎蛋捲比較甜，老婆做的吃起來比較鹹之類的。

遇到這種情形的話，我建議只要享受「品嘗不同味道的樂趣」就好。如果無法從中感受到樂趣的話，那至少接受「有些人做的煎蛋捲就是比較鹹」這件事。

最不能做的，就是對老婆說出「我媽做的煎蛋捲是甜的」這種拿老婆和自己媽媽做比較的話。要是真的想吃甜的煎蛋捲，跟老婆要求「我偶爾也想吃甜的煎蛋捲」就好，不要講其他多餘的事。

另外，自己媽媽在場時，也不要在老婆面前猛誇媽媽煮的菜。就算你沒有別的意思，老婆聽了也會覺得你是在否定她煮的菜，心裡感覺不舒服。

說到老婆煮的菜，還有一件事得順便提一下。**老婆煮的東西如果一**

口都還沒嘗，就直接加調味料，有可能會踩到老婆的地雷。

說不定老婆會覺得你糟蹋了她精心煮出來的味道，即使你認為味道對你來說一定太淡，但至少也要先吃一口再加調味料，這樣才是對煮飯的人的尊重。

這樣做就不會踩地雷

不要拿自己媽媽和老婆做比較。

老婆的地雷30

隨口說出傷人的話

☹ 老公習慣把老婆當成「自己的東西」。
☺ 老婆也習慣把老公當成「自己的東西」。

當你跟老婆說：「有種全身無力的感覺，好像發燒了。」想要討拍時，卻被老婆指責：「誰叫你喝酒喝到那麼晚才回來！」、「誰叫你什麼也不蓋就睡在客廳！」之類的（明明只是希望老婆問一句「你還好嗎？」而已）。

開車時不小心開錯路了，老婆馬上唉聲嘆氣（又不是故意開錯的……）。

你有過類似的經驗嗎？

但有時這其實是老婆的「禮尚往來」，許多老公都像漫畫裡那樣，因為隨口說出的一句話而踩到了老婆的地雷。

或許有人覺得，「正是因為關係親密，所以才會毫無顧忌地說話」，但夫妻雙方畢竟是兩個獨立的個體。懂得體貼和顧慮另一半的感受，彼此相處起來才會舒服。

容易踩到這種地雷的人，通常都會把老婆當成「自己的東西」。人有一項壞習慣，就是不論把人或物品當成「自己的東西」時，就會隨意對待。自己的東西其實更應該好好珍惜，但卻往往做不到。如果是跟別人借來的，還會覺得「要小心才行」，對於自己的東西反而沒那麼用心。

老公必須知道，或許老婆是「自己的老婆」，但卻不是「自己的東西」，老婆是一個活生生的人。

懂得這個道理的話，應該就不會隨口說出傷人的話了。

話說回來，做老公的有時候的確是會因為脫口而出的一句話惹老婆不高興。但還有一種情況是，不管是因為你無意中說出傷人的話或其他原因，當老婆看起來不開心時，你問她是不是在生氣，得到的答案卻是「沒有啊」。

「沒有啊」這句話必須特別注意。這是因為男人和女人說這句話時，意思是不一樣的。

男人被問「怎麼了嗎？」時回答「沒有啊」通常代表「我沒事，讓我自己靜一靜」、「不要來煩我」的意思。因為是自己就能解決的問題，所以會說「沒有啊，沒事」。

這時候女人通常會追根究底問下去「真的嗎？」、「你怎麼了？」等等，但男人想要的是自己一個人靜一靜，因此會覺得女人這樣很煩。男人會希望女人相信自己有能力獨自解決問題，只要默默在一旁關心就好。

從女人的角度來看，則認為追根究底再三詢問才是體貼的表現。反過來說，女人回答「沒有啊」的話，其實是希望對方繼續追問，通常是想要對方關心自己，詢問「妳真的沒事嗎？」、「妳真正的想法是什麼？」之類的。這時候男人如果覺得「她都說沒事了，那就別管她了吧」就不再問下去的話，就會被老婆認為太過冷漠。

所以，聽到「沒有啊」這句話的時候要特別小心。

還請各位老公不要嫌這樣太麻煩而放棄努力，因為說不定你的老婆也是這樣想的。

這樣做就不會踩地雷

不要把老婆當成「自己的東西」。

《後記》

感謝各位讀者閱讀本書到最後。

我母親剛好在這本書出版的一年前去世，陪伴母親度過生前最後一段日子時，我體悟到人生最重要的一件事就是「與身邊的人擁有緊密的連結」。

對夫妻而言，另一半是自己最親密、最重要的人。與如此重要的一個人建立緊密連結，關係到了人生的所有幸福。由於想協助更多人建立這樣的連結，我因此決定動筆寫這本書。

我希望看到這裡的讀者，務必將這本書推薦給你的伴侶。夫妻雙方一起看這本書，比只有其中一方看更為有效。雖然這本書看起來像是寫給老公的，但其實我在內容上花了許多心思，希望藉此讓身為老公的男人、身為老婆的女人在讀過之後，都能有所收穫。夫妻雙方都讀這本書，能更加深對彼此的理解，有助於改善夫妻關係。

我和老婆在一起已經超過二十年了，但還是會一同學習兩性心理，讓感情變得更好。

我們尤其深受全球知名的兩性心理權威約翰．葛瑞博士影響。約翰．葛瑞博士曾出版《男人來自火星，女人來自金星：男女大不同》等許多著作，是銷量超過五千萬本的全球暢銷書作家。

我曾舉辦大型活動邀請葛瑞博士前來，並一同登台演講。由於這個機緣，我和老婆在葛瑞博士二度訪日時也受邀參與活動，並參加了博士的課程。這成了我們夫妻重燃熱情的契機，因此老婆不久之後便懷了第三胎也並非偶然。

由此可知，夫妻一同學習夫妻相處之道，比只有其中一方單獨學的效果要好得多。

如果你的伴侶是不喜歡看書的人，也可以一起看漫畫的部分就好。同樣的漫畫看在老公和老婆眼裡，也會有不一樣的感受。只要能知道彼此的不同，或甚至只要兩個人一起笑一笑就夠了。

這本書主要講的是如何避開老婆「地雷」的基礎觀念及訣竅。想要實際上改善夫妻關係的話，首先必須掌握自己家庭的現況，並採取相應的對策。

我建議的第一件事，是先去做一下我自己開發的「你家沒問題吧!?『老婆的地雷』危險度診斷」(http://www.epowerda.com/i/jiraitest/)。

這項診斷不到一分鐘就能做完，完成後就能知道你家現在的「老婆的地雷危險度」。網站也會根據診斷內容，針對該如何改善夫妻關係給予具體建議。男性在做這項診斷時，請根據「自己平時的狀況」；女性做這項診斷的話，請根據「老公平時的狀況」作答。大家不妨放鬆心情，把這當成是小遊戲，藉此踏出掌握自身家庭現況、改善夫妻關係的第一步。(上述診斷為日文網站)

我經常找老婆商量工作的事。我的第一本著作《寬以待己，你才會成功：不找自己麻煩，任人生全速前進》是賣出超過十七萬本的暢銷書，其實當初促成我寫這本書的人正是老婆。

某天我聽到老婆大喊：「要是人不會有『嫌麻煩』的念頭就好了！」（笑）就是因為這一句話讓我發現，「麻煩」這個主題是有需求的。

另外，這本書也是因為有老婆的全面協助才得以完成。為了避免我以男性觀點出發寫出來的內容太過偏頗，因此書中也收錄了老婆的經驗談，並請老婆幫忙看稿。

因此我認為最後寫出來的內容不論看在男性讀者眼裡，或看在女性讀者眼裡都不會顯得突兀。

當初決定和老婆結婚時，我完全沒想到老婆的一句話會催生出我的暢銷書，或是她會在我的工作上提供全面協助。想到這些不禁讓我深切體悟到夫妻這回事還真是有趣，建立在夫妻關係這項基礎上的人生也充滿了趣味。

夫妻間若有足夠的愛情與信任，不僅能讓家成為一個舒適的地方，包括工作在內的人生各個面相都會更加順利。

這本書若能幫助你開啟夫妻間的話題，令婚姻生活更加充實的話，對身為作者的我而言是最開心不過的事。

非常感謝各位讀者看到這裡。

希望今後能有機會與大家面對面交流。

二〇一八年十一月　鶴田豐和

鶴田豐和

行為心理諮商師，一般社團法人本質力開發協會代表理事。曾於微軟從事人資工作，擁有面試數千人的經驗，熟悉各類職種。在微軟締造了公司前百分之三的成績，並獲頒Asia Gold Club Award。之後自行創業，推廣【每個人都能輕鬆自然做到】的行為心理學方法，至今幫助超過一萬人找到人生的路及實現夢想。此外也精通男女的行為心理，提供改善夫妻關係的諮商服務。作者本人與妻子結縭超過二十年，鶼鰈情深，育有三名子女。另外也時常在日本國內外舉辦演講，並曾與全球知名的兩性心理權威約翰·葛瑞等世界級的演講者同台。著作包括系列累積銷售二十萬本的《寬以待己，你才會成功：不找自己麻煩，任人生全速前進》、《今天就從三分鐘熱度畢業！日本微軟HR的最高「借力術」，不必拚意志力，你也能完成想要的目標和學習》、《「つまらない」がなくなる本》等。譯作則有《心に響くことだけをやりなさい！》、《ブレイクスル—！》。

作者官網　http://www.tsurutatoyokazu.com
部 落 格　https://ameblo.jp/tsuruta-toyokazu/

構成　山田由佳
編輯協力　鶴田かな子
漫畫　上田惣子
設計　高橋美保

出　　版／楓書坊文化出版社
地　　址／新北市板橋區信義路163巷3號10樓
郵 政 劃 撥／19907596　楓書坊文化出版社
網　　址／www.maplebook.com.tw
電　　話／02-2957-6096
傳　　真／02-2957-6435
作　　者／鶴田豐和
翻　　譯／甘為治
責 任 編 輯／王綺
內 文 排 版／楊亞容
校　　對／邱怡嘉
港 澳 經 銷／泛華發行代理有限公司
定　　價／350元
出 版 日 期／2022年9月

國家圖書館出版品預行編目資料

別惹老婆生氣！如何避開吵架地雷區？老公最重要的人生課題 / 鶴田豐和作；甘為治翻譯. -- 初版. -- 新北市：楓書坊文化出版社, 2022.09　面；　公分

ISBN 978-986-377-803-5（平裝）

1. 夫妻 2. 兩性關係 3. 成人心理學

544.142　　111010537